東吳大學張佛泉人權研究中心系列專書

走自己的路

台灣引進國際人權公約
的策略與實踐

李仰桓、黃　默——主編

王幼玲、伍維婷、李念祖、林沛君
姚孟昌、施逸翔、張文貞、郭銘禮
陳玉潔、彭治鏐、黃　默、黃嵩立
黃慈忻、顏玉如、顏詩怡——著

五南圖書出版公司 印行

　　隨著1970年代前後開始的經濟全球化發展，世界與各國內部的經濟資源分配更加不均已是不爭的事實；而在全球經濟擴張與競爭的過程中，使原本身體氣力相對較弱、生存條件不佳的群體基本權利更易受到損害，有必要以世界普同的人權視野來加以改善這些群體的人權處境。聯合國在1966年、1979年、1989年、2006年，分別通過了包括《公民與政治權利國際公約》（ICCPR）及《經濟社會文化權利國際公約》（ICESCR）的兩公約、《消除對婦女一切形式歧視公約》（CEDAW）、《兒童權利公約》（CRC），以及《身心障礙者權利公約》（CRPD）。台灣雖因國際政治因素，並非聯合國會員國，以致無法參與聯合國各個人權公約的簽署；但在國內人權團體的競相奔走影響政府的情況之下，仍舊走出了一個屬於台灣獨特的國際公約實施模式。台灣於2009年、2011年、2014年，分別通過《公民與政治權利國際公約及經濟社會文化權利國際公約施行法》、《消除對婦女一切形式歧視公約施行法》，以及《兒童權利公約施行法》與《身心障礙者權利公約施行法》，正式將公約內國法化；之後並提出國家報告，邀請國際人權專家來台灣進行國家報告審查，後續政府將依據審查建議與公約內容持續改善國內相關制度。

　　台灣以獨特的方式將在地人權處境與國際人權接軌，將人權公約內國法化，並能透過制度修改與建立，具體推動公約實施，無疑讓之前被孤立於國際政治的台灣人權發展有方法論上的依據，向世界宣示台灣人權發展持續往國際普同的方向邁進，與其他國家能有共同的人權語言進行溝通，更重要的是呈現出台灣即使國際處境艱難、正式邦交國家少，參與國際組織也受限，這都不影響我們要建立一個文明人權國家的意志。然而，人權公約不只是法律條文，更需要政府制度、司法制度、社會制度、生活模式的多方配合及落實。因應國

際人權公約，我們正在進行的是一個總體對「人」的認知文化改革。台灣在許多法規制度上行之有年，許多政策與體系上也產生盤根錯節的堅固結構，對女性、兒童以及障礙者等群體的既有觀念與對待方式，在整體公約的實施上仍有適應困難的狀況。然而，以台灣既有文化與社會制度結構的特殊性自絕於人權公約規範之外，絕非面對國際人權公約的正確態度。眾所周知，文化發展是一個過程，不可能停留在某一時間框架而毫無學習能力，只有與時俱進方能繼續進化。無論政府或利益相關團體，皆不該以特殊文化理由阻礙人權公約在台灣的落實，而是要在文化中找尋人權根源、建立制度改革的著力點與認同，發展出屬於台灣在地的國際人權公約實踐模式。

　　台灣在進行國際人權公約實施的政治過程與發展、國際人權公約對國內法制與司法的衝擊、對直接利益相關人與社會群體的衝突與影響，值得被書寫記錄與分析研究。本書編輯李仰桓博士與黃默教授，召集來自法學、法官，以及包括人權運動、障礙者權利運動、婦女與兒童權利運動領域的實務工作者與學者，共同完成《走自己的路：台灣引進國際人權公約的策略與實踐》一書，為台灣包括兩公約、《消除對婦女一切形式歧視公約》、《兒童權利公約》以及《身心障礙者權利公約》的實施，留下深刻的紀錄。我由衷感謝李仰桓博士、黃默教授，以及本書所有作者對台灣引進實施國際人權公約的研究貢獻。東吳大學張佛泉人權研究中心能收錄本書為中心的系列專書之一深感榮幸，也期許這本書能成為有志鑽研人權公約議題研究者的重要文獻；作為台灣唯一的人權研究機構，我們將責無旁貸地持續進行人權議題的撰述與論著，為台灣留下推動人權的紀錄。

東吳大學張佛泉人權研究中心主任

周怡君

2021年8月14日

於士林外雙溪

有關聯合國的人權體系，中華民國的參與其實相當早，甚至可謂這個體系的創建者之一。1946年至1948年間，張彭春教授便代表中華民國參與《世界人權宣言》的起草工作，且扮演著關鍵性的角色。其後，政府也曾在1967年簽署兩大國際人權公約，以及在1970年正式批准《消除一切形式種族歧視國際公約》。然而，隨著1971年中華民國被拒於聯合國門外，與國際人權體系的關係也跟著中斷，因而無緣參與這個國際體系之後三十年不斷演進、茁壯的歷程。

在2000年第一次政黨輪替之後，台灣開始嘗試與聯合國的國際人權標準接軌。當選的陳水扁總統在就職演說中承諾，他領導的政府「將遵守包括《世界人權宣言》、《公民與政治權利國際公約》以及維也納世界人權會議的宣言和行動綱領，將中華民國重新納入國際人權體系」，而且「新政府將敦請立法院通過批准《國際人權法典》，使其國內法化，成為正式的『台灣人權法典』」。其宣示的方向與內涵，可謂相當明確。

很可惜的是，除了批准《消除對婦女一切形式歧視公約》並頒發加入書之外（2007年），陳總統的承諾並沒有在他八年的任期中有較具體的開展。個中因素可能相當複雜，但一般認為，當時朝小野大的政治困局是其中一個重要原因。

幸運的是，台灣接軌國際的腳步並未就此停歇，而且在2009年邁出了關鍵的一步。這一年，馬英九先生已接任總統，他所領導的中國國民黨亦在立法院擁有最大黨的地位；朝小野大的困局消失，且國民黨亦不如在野時期般反對引進國際人權公約。因此，立法院批准了《兩公約》，以具體行動展現遵守國際人權規範的決心；另外，也以通過施行法的方式，克服公約批准書無法存放聯合國的困難，從而完成《兩公約》的內國法化。而在同一年，政府亦提出《消除對婦女一切形式歧視公約》的國家報告，並委託婦女權益發展促進基金會辦

理研討會，邀請國際專家來台對這份報告提出審查意見。儘管這次審查並未遵照聯合國的標準與程序，卻也是台灣婦女人權保障的重要進展。

以施行法引進《兩公約》並確立其內國法效力的模式，可謂一項成功的策略。在2011年至2014年間，政府陸續制定施行法，使《消除對婦女一切形式歧視公約》、《兒童權利公約》以及《身心障礙者權利公約》具有正式的法律地位。我們相信其餘的聯合國核心人權公約，也會陸續依這樣的模式引進台灣（台灣引進國際人權公約的重要大事記，請見本書附錄）。

另一方面，引進國際人權公約的真正目的，在於確保人民實質享有公約所保障的各項人權，此為政府所需承擔的人權義務。為使人民瞭解政府施政對人權保障造成的利弊得失，並督促政府根據各公約的規範完善各項人權政策，政府應依規定提出國家人權報告，並遵循聯合國的程序接受審查，按照審查結果調整施政作為。由於聯合國不接受台灣對各公約的批准書，連帶也排除台灣參與審查程序的機會，我們只得再度應變，在遵守聯合國相關程序的前提下，發展出台灣自己的人權報告審查模式。整體回顧這段歷程，台灣實在是以自己的方式來克服聯合國「現實」的這一面，以追求聯合國「理想」的那一面。我們可以自豪地說，在追求人權保障的路上，台灣走出了一條自己的路。

《台灣人權學刊》於2011年創刊後，即相當關注台灣引進國際人權公約的發展；而學刊亦有多位編輯顧問與編輯委員，以不同的身分、不同的角色，親身投入這段歷程。學刊曾經在第2卷第1期、第4卷第2期、第4卷第4期、第5卷第1期以及第5卷第3期，邀請學界與人權團體代表，就引進各個人權公約的過程，撰文提供第一手的觀察與精彩的分析。本書在徵得作者們同意後，收錄了這些文章，以便完整呈現這幾年來學界與人權團體對這段歷程的評論，以及對政府後續作為的建言。我們期待這條台灣人權之旅可以繼續走下去，引進人權公約是一種策略，完善人權保障才是這條路最終的目的。

李仰桓、黃默 謹識

2021年8月

目　錄

第一篇　國際人權兩公約

編輯說明

　　本篇第一章至第七章，爲《台灣人權學刊》於第2卷第1期（2013年6月出刊）的「人權論壇」單元所發表的評論文章，論壇主題爲《兩公約》初次國家報告的國際審查，刊出時間約爲國際審查結束後三個月。第一章爲郭銘禮先生（時任法務部法制司檢察官）說明政府撰寫《兩公約》初次國家報告以及籌辦第一次國際審查會議的經過；由於其後各公約的報告撰寫與國際審查基本上都依循相同程序辦理，因此特別收錄此文，以作爲各界參考。接下來的六章，則爲學刊邀請學者專家，以郭先生的文章爲基礎，從學界與民間團體等不同的角度，來評論此次的國際審查。

　　至於第八章及第九章，則爲陳玉潔博士與黃默教授分別發表於學刊第5卷第3期以及第4卷第4期的研究論文。二文發表於政府完成第二次的《兩公約》國際審查之後，因此得以整體的視野，對台灣引進《兩公約》的經驗進行分析並提出展望。

郭銘禮**

壹、概說

在人民與政府共同努力之下，台灣終於從2010年底到2013年3月止，先依據《公民與政治權利國際公約》（下稱《公政公約》）、《經濟社會文化權利國際公約》（下稱《經社文公約》）（前兩者以下合稱《兩公約》）及聯合國人權事務委員會及經濟社會文化權利委員會（下稱經社文委員會）等條約監督機構的相關規定，提交包括《共同核心文件》、《公民與政治權利國際公約執行情形初次報告》、《經濟社會文化權利國際公約執行情形初次報告》共計三本（以下合稱初次國家人權報告）中、英文版，再接續舉辦初次國家人權報告的審查會議，獲得獨立專家提供給台灣的〈結論性意見與建議〉（下稱〈結論性意見〉），共同完成這史無前例的壯舉。

筆者有幸自2011年1月間開始參與這段過程，成為法務部人權工作團隊的成員之一，在總統府人權諮詢委員會（下稱府人權委員會）及國際審查秘書處諮詢委員會（下稱七人小組）的指導與協助之下，將人權事務委員會及經社文委員會對於報告撰寫及審查的規定與工作方法向國內做說明與合作，共同研究及開展在國內適用聯合國的做法，進而以此基礎向國際獨立人權專家進行邀請、說明及溝通。這是一個非聯合國會員國主動適用聯合國模式而完成的報告審查程序，更有經驗與知識豐富且負有使命感的獨立專家的協助，值得台灣以及全世界做進一步的探討。筆者就這段過程的決定、發展或討論，擇要做初步回顧與檢討，並展望未來可做如何的規劃或設計，以利人權相關事務的進展。

*　本文原刊登於《台灣人權學刊》，第2卷第1期，2013年6月，頁73-105。
**　本文不代表任何官方立場，僅係筆者個人意見。

貳、報告撰寫

一、報告形式與內容之確定

　　國家人權報告的撰寫至少可追溯至2002年。陳水扁政府自2000年執政開始，即推動包括《國家人權委員會組織法》在內的各項人權相關法制建設，規劃由國家人權委員會負責撰寫國家人權報告，惟由於尚未通過立法，且即令通過後仍需一段準備期間，行政院因此認為「編寫與公布國家人權報告具有政策檢討、資訊累積、人權教育及公眾評論等多項正面功能」，而決定從2002年起先行推動國家人權報告的撰寫，由行政院人權保障推動小組推動規劃，該小組的幕僚單位行政院研究發展考核委員會（下稱行政院研考會）負責委請學者以各機關公務員提供之資料為基礎，開始撰寫國家人權報告試行報告，經由國內學者專家之建議再進行部分修改而完成，定位為試驗及先行的性質，所以稱為試行報告。[1]前後總共完成四本試行報告。[2]

　　在編撰體例與人權分類方面，試行報告並非完全依照《公政公約》或《經社文公約》的體例或分類，而是參考該兩項公約、我國《憲法》及法規，及行政機關之管轄權，將人權分為三類，分別是公民與政治權利、經濟社會文化權利、少數群體與特殊權利主體之保護。在內容上，是將該報告期間內我國在人權方面的努力與工作重點及其對人權保障的影響加以說明，也提及重大人權事件及個案的始末與啟示。[3]儘管並非依據聯合國模式，但我國開始思考撰寫國家人權報告，就是一項值得肯定的進展。雖然比較可惜的是，主持或參與報告撰寫的學者專家及主政的行政院研考會應該知道聯合國對於報告撰寫有一定的格式與內容要求，但是從2002年起至2008年止，卻始終未能採取聯合國模式撰

---

[1]　參見行政院人權保障推動小組。2003。《2002年國家人權報告試行報告》，頁9-10。引號是筆者所加。

[2]　分別為《2002年國家人權報告試行報告》、《2003-2004年國家人權報告試行報告》、《2005-2006年國家人權報告試行報告》，以及《2007-2008年國家人權報告試行報告》。

[3]　同註1，頁12。

寫報告並進行報告審查程序。

　　馬英九政府自2008年開始執政，同樣要推動國際人權公約的內國法化，政策做法上不採陳水扁政府時期的《人權法》，而改為推動《公民與政治權利國際公約及經濟社會文化權利國際公約施行法》，由法務部徵詢學者專家意見後提出草案，這項法律案經立法院在2009年3月通過，同年12月10日施行。行政院人權保障推動小組的幕僚單位也在這段時間由行政院研考會改為法務部。在人權機制上，馬總統也不採聯合國所鼓勵各國採納的，與《巴黎原則》較為相符的國家人權委員會，而是另行在2010年12月10日成立僅具有任務編組性質的府人權委員會，不具備調查權及執行權，不與監察院或行政院人權保障推動小組等其他現有機關之權限有所扞格，其成立依據為行政院研考會所研擬的《總統府人權諮詢委員會設置要點》（下稱《設置要點》）。[4]該《設置要點》規定府人權委員會的任務之一是提出國家人權報告，[5]每年提出一次。[6]

　　第一屆府人權委員會積極地在前兩次會議商討國家人權報告的撰寫原則，可歸納為四點：第一，並非由諮詢委員撰寫，而是由諮詢委員訂出重點項目及優先順序，由各機關提供資料並撰寫初稿，經由府人權委員會審查後提出；[7]第二，報告內容須包括檢視我國人權保障有無達到國際水準，與公約接軌，以及我國相較於其他國家較為進步或須檢討改進之處；第三，報告期間為2009年至2011年；第四，體例分為一般性報告與特別報告，前者可參考國際公約，後者須檢視我國國情。[8]當時規劃的格式分為一般報告與專題報告，一般報告仍以權利性質及權利主體為架構，只是多了相對應的《公政公約》及《經社文公

4　馬總統於2010年1月7日聽取「人權保障組織分工整合協調機制」簡報會議後之裁示。裁示內容請參見http://www.president.gov.tw/Default.aspx?tabid=1412。

5　參見《設置要點》第2條第2款。

6　參見《設置要點》第7條。

7　參見府人權委員會2010年12月10日第一次委員會議結論第一（二）點。http:// www.president.gov.tw/Default.aspx?tabid=1421&itemid=27154&rmid=3798。

8　參見府人權委員會2011年1月14日第二次委員會議結論案二決議一至三。http://www.president.gov.tw/Default.aspx?tabid=1421&itemid=27153&rmid=3798。此次會議並請柴副召集人召集部分委員成立工作小組，擬定優先檢討的人權項目作為報告主軸，以總統高度出發。參見上開決議四。

約》條文；專題報告則有三項，分別探討死刑議題、原住民族認同議題、移民移工議題。綜上所述，在通過《兩公約施行法》之後，雖然宣稱要與國際接軌，[9]但是府人權委員會或法務部所規劃的國家人權報告，還是看不到任何遵循聯合國人權事務委員會或經社文委員會規定的提交報告準則來撰寫我國報告的決議或討論。

不過，法務部與府人權委員會在2011年2月、3月間開始持續就聯合國的報告模式進行討論，法務部開始向委員們說明聯合國人權事務委員會與經社文委員會審查各國報告的程序，以及對報告形式與內容的要求，同時提供《公政公約》與《經社文公約》的報告程序所設立的相關準則，也提供多個締約國所提交的初次或定期報告供委員參考，[10]以利委員們瞭解聯合國是如何要求締約國撰寫與提交報告，並體會到台灣應與世界各國共同遵循聯合國的規定，適用同一套標準，否則連基本的報告形式都與聯合國不符，更不容易要求報告內容應如何適用聯合國的國際人權標準，遑論在日後的審查階段，國際人權專家將很容易挑出報告在形式上與聯合國準則不符的缺點，而這將顯示我國連最基本的報告寫作標準都不知道或不願理會的窘境。此外，兩公約施行監督聯盟也在2011年4月初以信件向府人權委員說明聯合國人權事務委員會與經社文委員會對於各國提交報告的要求與審查報告的程序，並建議我國應參照辦理。

因此，府人權委員會於2011年4月12日第三次委員會議時，決議依照聯合國《國際人權條約締約國提交報告的形式和內容準則彙編》（*Compilation of Guidelines on the Form and Content of Reports to Be Submitted by States Parties to the International Human Rights Treaties*）提出我國的初次國家人權報告，依公約

---

9   所謂「與國際接軌」是個方向正確但內容不精確的用語，容易導致太過彈性廣泛的解釋。筆者認為若能改為「遵守聯合國人權標準」之類的用語，至少會有下列幾項相對優點：第一，聯合國人權標準有眾所公認的規範依據，諸如條約、議定書、一般性意見或建議等；第二，明確宣示台灣雖非聯合國會員國，但仍願主動遵守保護人權的聯合國規範；第三，減少國內各界對於國際人權標準在解釋上的爭執。

10 由於《公政公約》及《經社文公約》早在1976年即生效，許多締約國在加入初期皆已完成提交初次報告的義務，也無電子檔可查。因此，在聯合國網站所能找到的近期提交的締約國初次報告並不多，但是定期報告則相當多。

條文、一般性意見所規定事項及建立的人權標準，逐條說明我國相對應的人權保障制度，分別就《公政公約》與《經社文公約》各撰寫一本報告。[11]就國際人權公約的報告撰寫而言，這無疑是個極為重要的轉捩點，至少有下列三個意義：第一，府人權委員會正式宣告初次國家人權報告的撰寫應遵循聯合國相關準則；第二，撰寫報告時必須依照包括一般性意見在內所建立的人權標準；第三，府人權委員會樂於接受幕僚單位法務部及非政府組織（下稱NGO）的建議。自此之後，法務部即開始擬定計畫，召集各機關依照聯合國相關準則撰寫《公政公約》與《經社文公約》的執行情形初次報告各一本，以及作為各條約個別報告的共通內容，須附隨條約個別報告提出，介紹我國基本地理、經濟、社會、文化、政府組織、保護與促進人權的基本架構、平等與零歧視等資料的《共同核心文件》一本，[12]共計三本。

二、撰寫報告的過程

法務部所規劃的報告撰寫程序，有以下特色：

（一）對官員的教育與聯合國相關資料之提供

由於這是台灣第一次請政府官員依聯合國相關規範撰寫初次國家人權報告，因此，法務部有必要讓官員瞭解相關的聯合國提交報告準則及人權標準。[13]與我國此次撰寫報告有關的提交報告準則共有三項，包括〈共同核心

---

[11] 參見府人權委員會2012年4月12日第三次委員會議結論案二之決議。http://www.president. gov.tw/Default.aspx?tabid=1421&itemid=27152&rmid=3798。

[12] 參見HRI/GEN/2/Rev.6, chap. I, p. 24. In http://www2.ohchr.org/english/bodies/icm-mc/documents09.htm.第三次府人權委員會決議內雖未明確提到撰寫《共同核心文件》，但決議既已提到應依聯合國準則撰寫，因此，依準則之規定，我國應同時撰寫並提出《共同核心文件》，此部分無待進一步決議本即應如此處理。2009年我國已完成《消除對婦女一切形式歧視公約》執行情形的初次報告，難能可貴，值得肯定，但並未同時撰寫及提出《共同核心文件》。此外，該次審查會議是以研討會方式為之，與聯合國報告審查程序差異似乎較大。若該次撰寫《消除對婦女一切形式歧視公約》執行情形的初次報告時已同時完成《共同核心文件》，則本次撰寫初次國家人權報告時，《共同核心文件》只需更新內容即可，毋庸重新另寫一本。

[13] 關於撰寫報告方面的說明，請參見拙著。2012。〈聯合國有關如何撰寫公政公約及經社文公約初次或定期報告之研究〉。《司法新聲》，第104期，頁54-64。

文件和條約專要文件準則在內的依據國際人權條約提交報告之協調準則〉（Harmonized Guidelines on Reporting under the International Human Rights Treaties, Including Guidelines on a Core Document and Treaty-specific Documents，下稱〈協調準則〉）、[14]〈締約國依據經濟社會文化權利國際公約第16條和第17條提交條約專要文件之準則〉（Guidelines on Treaty-specific Documents to Be Submitted by States Parties under Articles 16 and 17 of the International Covenant on Economic, Social and Cultural Rights，下稱〈經社文公約報告準則〉）、[15]〈締約國依據公民與政治權利國際公約第40條提交條約專業文件之準則〉（Guidelines for the Treaty-specific Document to Be Submitted by States Parties under Article 40 of the International Covenant on Civil and Political Rights，下稱〈公政公約報告準則〉）。

　　條約監督機構所通過的一般性意見是對於公約權利的解釋，公約條文雖然精簡，但透過一般性意見的補充，讓公約權利內涵與範圍更爲清楚，甚至於包括公約條文所未明文提及的權利，例如《經社文公約》第15號一般性意見所提及的「水權」。因此，必須將這些一般性意見提供給各界瞭解，以利說明國家依公約所負的義務。而在各機關的報告草稿未能依據一般性意見撰寫時，與會的民間團體代表也會要求應依一般性意見的要求重新撰寫內容，例如在《經社文公約》第9條社會保障的部分，由於報告初稿有所不足，因此，該次初稿審查會議決議要求各政府機關就其權限，「依照經社文公約第19號一般性意見書第13點至第21點，逐一說明我國有無衛生保健、疾病、老年人、失業、職災、家庭及兒童支助、孕婦、身心障礙者、遺屬及孤兒等九種主要的社會保障制度及其成效與改善措施。」並說明對於遺屬之照護內容。[16]

　　此外，其他國家的報告內容也是最好的參考依據之一，非常有助於瞭解各

14　同註12。
15　HRI/GEN/2/Rev. 6, chap. II.
16　參見國家人權報告第17次初稿審查會議紀錄，2011年7月7日。http://www.humanrights.moj.gov.tw/ct.asp?xItem=283641&ctNode=32924&mp=200。引號是筆者所加。

國係如何撰寫報告，以及協助判斷哪些資訊是重要的。法務部在撰寫報告之前以及審查會議期間至少提供包括紐西蘭、土耳其、泰國、德國、南韓、日本、芬蘭、美國、宏都拉斯、瑞典、荷蘭等國家之初次或定期報告供政府官員及與會各界人士參考。法務部除了提供準則給各機關以外，也準備了〈國家人權報告之撰寫〉及〈國家人權報告之撰寫（續）〉共二份教材，對10多個中央機關174位官員提供17次面對面的說明，[17]並視各機關負責的條文而提供相關的人權文書與一般性意見，同時提供各國的初次或定期報告讓官員參考，例如對於司法院官員提供人權事務委員會第32號關於公正審判權的一般性意見，也以泰國2004年《公政公約》初次報告關於第14條公正審判權的部分逐頁進行說明。隨著歷次報告審查會議之進行，法務部也逐次提供聯合國的相關人權文書，例如人權事務委員會第21號一般性意見第5段所提到的受刑人處遇最低限度標準規則（1957年）、保障所有遭受任何形式羈押或監禁者原則（1988年）、執法人員行為守則（1978年）、關於醫事人員、特別是醫師在保護被監禁與被羈押者不受酷刑與其他殘忍、不人道或侮辱之處遇或懲罰方面的任務的醫療道德守則（1982年）。

（二）民間社會的廣泛參與

民間社會的參與情形相當熱烈，曾派代表參與會議的NGO大約有數十個，[18]來自各研究機構與大學的學者及各個領域的專家也非常多，所以每次會議都有多位民間社會的代表在場參與，提供寶貴意見。據統計，府人權委員、學者、專家及NGO成員共計432人次參與、總計82場次的報告審查與編輯會

---

[17] 參見《中華民國共同核心文件》，2012年4月，頁52。

[18] 參與報告審查會議的NGO至少包括兩公約施行監督聯盟、財團法人民間司法改革基金會、中華人權協會、台灣勞工陣線、財團法人法律扶助基金會、台灣勞動與社會政策研究協會、財團法人勵馨社會福利事業基金會、台灣少年權益與服務促進聯盟、老人福利推動聯盟、財團法人愛盲基金會、無障礙科技發展協會、台北市行無礙資源推廣協會、台灣社會心理復健協會、律師公會全國聯合會、台灣國際醫學聯盟、廢除死刑推動聯盟。兩公約施行監督聯盟是由數十個NGO所組成，其成立理念與組織成員之說明，請參見http://covenants-watch.blogspot.tw/p/blog-page.html。

議。[19] 這些民間社會的參與者均由府人權委員會的委員所推薦，其中王幼玲、陳惠馨、黃默、蔡麗玲等委員都推薦許多人權方面的專家或人權團體代表與會。[20] 她／他們都是長期關切或倡議各方面人權議題的人士，提出了許多深具意義的意見與建議。例如在《公政公約》第6條的初稿審查會議，參與者包括長期投入廢死、生命權、司法改革等相關議題的人士，如蘇律師友辰、顧教授忠華、姚教授孟昌、周教授志杰、林執行長欣怡、高律師涌誠、林律師峰正，同時出席的尚有柴松林、黃默、陳惠馨、黃俊杰等府人權委員；[21] 在《經社文公約》第12條的初稿審查會議，參與者包括姚教授孟昌、呂教授鴻基、周教授志杰、張教授恆豪、張教授菊惠、嚴教授祥鸞、詹律師順貴，及黃俊杰、王幼玲、王育敏、李念祖、張珏等府人權委員。[22]

（三）議題具有廣度與深度

　　每次報告審查會議所討論的議題均能兼顧廣度與深度，例如在《公政公約》第6條的初稿審查會議所討論的議題涉及眾多機關權限，包括司法院、監察院、法務部、國防部、外交部、內政部、衛生署、海巡署、行政院大陸委員會（下稱陸委會）。議題包括安樂死、死刑（廢除死刑政策說明、現有死刑罪名的處罰理由、死刑犯的器官捐贈、死刑犯辯護權的保障、司法院大法官及最高法院對死刑的見解、江國慶案、蘇建和案）、自殺（包括一般大眾、軍人、警察）、赦免、生命權保障（包括胎兒、腦死判定、精神病患、原住民、新移民、失蹤人口、人口販運）、減少嬰兒死亡率和提高預期壽命、消滅營養不良和流行病、食品檢驗、軍人與警察之執行職務、核武政策、大埔農地事件、

19　同註17。

20　由於府人權委員的專業背景並未能涵蓋所有公約權利的領域，因此，透過府人權委員推薦多個不同背景專業的專家，可以彌補這方面的不足。特別是王幼玲、陳惠馨、蔡麗玲、黃默委員推薦相當多位的專業人士，非常有助於督促政府。

21　參見公民與政治權利國際公約第6條初稿審查會議紀錄，2011年6月9日。http://www.humanrights.moj.gov.tw/ct.asp?xItem=283641&ctNode=32924&mp=200。

22　參見經濟社會文化權利國際公約第12條初稿審查會議紀錄，2011年7月13日。http://www.humanrights.moj.gov.tw/ct.asp?xItem=283641&ctNode=32924&mp=200。

「我國人民在外國」及「外國人在我國」分別被判處死刑之歷年統計資料、殘害人群治罪條例與生命權保障、我國人民在中國大陸死亡（因受死刑判決並執行、爲犯罪被害人而死亡）的數據，及是否受有援助。[23]

　　又如《經社文公約》第12條關於健康權的部分，所討論的議題包括健康權的保障（本國及外籍勞工參加勞保之相關資料及其統計數據，及非法勞工之醫療健康權；建議內政部提供新住民納入全民健康保險之相關資料及統計數據；監所人犯之醫療權及健康權；精障者之醫療照顧；補助弱勢族群加入健保之人數、涵蓋率及尚未被納入健保之人數；改善原住民、弱勢婦女健康及醫療條件；兒童及少年濫用酒精及吸煙預防之措施；預防未成年人吸毒及抽煙相關預防措施及如何加強查緝；學齡兒童之健康教育具體措施、偏食問題及垃圾食物攝取過量；弱勢兒童被納入公共營養提供計畫之比例；5歲以下孩童體重不足比例之相關資料；對於孩童體重身高之監控；藥袋標示中文化及手術同意書一式兩份等醫療方面知的權利；兒童及老人之預防保健；原住民健康問題；六輕、國光石化及台電電塔等影響周遭居民健康地區之居民定期健檢及環保影響區域監控資料；特種疾病、罕見疾病者身心健康照護；藥物測試；長期照護；兒童及老人的性暴力與家庭暴力問題；國家政策對性與生殖健康的涵蓋範圍及其時程；傳染病；女性自我決定墮胎）、身心障礙者的健康權（國家政策對身心障礙者的涵蓋範圍及其時程；醫院有無提供手語翻譯、視障者使用之特殊藥袋、復康巴士接送、無障礙環境、《精神衛生法》關於強制住院之司法審查）、醫療資源分配的公平性與健康不平等情形（一般病床及精神病床在城鄉分配的狀況；偏遠地區醫療措施）、水權議題（供水率低於平均值的情形；依第15號一般性意見第8點、第28點、第53點，補充水權指標之相關資料；如何協助經濟上弱勢者取得自來水）、環境衛生、工業衛生、職業病預防（監測的機制及防治之方法；在本國法下關於自然或工作環境被提起訴訟之數量；因不安全的自然與職業環境造成死亡、傷害、疾病或身心障礙的普遍率；危險環

23　同註21。

境）、健康權的訟爭性（是否為請求權？可否尋求法律救濟）、住屋權等。[24]

　　由上述兩次會議所討論的議題，可知所探討的議題能兼具廣度與深度。

（四）政府部門從下到上的動員

　　參與前述82次審查會議的公務員共計1,373人次。[25] 各機關出席人員之層級從一開始的基層人員到後期的次長、司長級官員，逐漸提升，也表示這是機關內部從下到上的動員。這中間值得一提的轉折是由於府人權委員的要求，使當時的府人權委員會召集人蕭前副總統決定要求各機關指派副首長以上層級人員出席審查會議。這個過程是政府公務員學習國際人權公約的最佳場域，藉著會前的準備，會中的討論與意見交換，至少能使公務員有機會接觸與體會國際人權標準的價值所在。

　　在這過程也看到一些待改進之處，說明如下：

1. 法務部的能量與資源有待增加

　　法務部從行政院研考會接下《兩公約施行法》相關業務之後，原先並無專人負責，而是由法規會同仁兼辦人權業務，在當時彭首席參事坤業的擘劃之下，邀請國際人權法的學者專家共同研商《公政公約》與《經社文公約》內國法化的做法及因應措施、訂定逐年辦理《公政公約》與《經社文公約》的訓練講習課程計畫等，但終究必須增加人手始能逐步拓展，因而在政府組織改造前後新增設人權一科及二科，編制上具公務員身分者共六人，約聘僱人員共五人，另將筆者自台灣台北地方法院檢察署借調法務部辦事檢察官一人，共計12人。

　　人權一科共六人，主要負責府人權委員會業務，最近較受矚目的就是此次國際審查會議相關事前籌備業務，以及後續的擬定落實〈結論性意見〉的國家行動計畫、教育訓練、對於中央及地方機關的監督管考等，每一項業務的規

24　同註22。
25　同註17。

模都非常龐大。較早之前在2012年也完成了人權事務委員會與經濟社會文化權利委員會一般性意見正體中文版的校正與〈貝爾格勒原則〉（國家人權機構與國會之關係）的翻譯。人權二科共五人，主要負責行政院人權保障推動小組及法務部人權工作小組的業務，包括依據《兩公約施行法》所課予法務部應負責的業務，例如教育訓練、預算編列、出版品、法令檢討等，以及各項既有的人權督責管考、法務部內及所屬機關配合辦理《公政公約》、《經社文公約》與《消除對婦女一切形式歧視公約》的業務等。其中，法令檢討部分除原有配合《兩公約施行法》的法令檢討工作，現又增加未來依據落實〈結論性意見〉的國家行動計畫而陸續產生的法令檢討工作。

此外，法務部法制司辦理前述各項人權業務的預算，只有數百萬元，尚不包括辦理國際審查會議在內。

綜上所述，應可瞭解法務部負責推動的人權業務之廣博，畢竟，無論是人權一科或二科，都要依據聯合國的人權體系在國內建立對應的人權架構、機制與做法，而聯合國的人權體系是如此龐大，許多規範也僅是原則性的內容，因此在國內落實時，需要就國內情況再做精緻的規劃與研究，但這是目前的人力所不易達成。僅以出版品而言，聯合國有許多人權方面的出版品，有必要加以翻譯或將簡體字版校正為正體字版，以利國內各界的瞭解與研究，但我國從2009年迄今也只完成一般性意見中文版的校正及〈貝爾格勒原則〉的翻譯，在推廣人權觀念上只能達成有限的效用。再以人權事務委員會及經社文委員會等條約監督機構的相關文獻而言，包括相關程序規則、報告規則、個人申訴案件的決定、條約監督機構審查各國報告的會議摘要紀錄、〈結論性意見〉等，都非常值得做翻譯，以利國內各界瞭解國際人權價值的發展。至於聯合國大會在人權方面的相關決議，毫無疑問同樣值得盡速將簡體中文的內容校正為正體中文，以利國內各界的瞭解與遵循。

正由於此項人權業務的核心內容之一，在於將國際人權標準及價值予以內國法化，法務部團隊需要更多熟悉外語且有志於促進人權的人力資源。以過去這兩年的發展經驗，法務部大致上只有筆者一人負責聯合國人權相關資料的

整理與蒐集，以及對外的所有聯繫事項，包括研究聯合國的報告撰寫準則與報告審查程序、聯合國人權機制、邀請國際人權專家、向國際人權專家說明報告審查的相關事宜，以及與外國駐台的外交官員及國際NGO接洽等。這龐大業務內容絕非筆者一人所能負擔，所幸後階段有黃前副司長玉垣的協助而能緩解業務負擔。雖然國內不乏國際人權法的學者專家，民間社會也有能力做此方面的研究。但政府部門在規劃國內人權發展上，必須負起責任，這也是《公政公約》及《經社文公約》課予國家的義務。在人權業務的發展上，政府雖可諮詢學者專家或民間社會的意見，卻不能不培養或建構內部的、有能力的研究發展團隊。

以初次國家人權報告的撰寫而言，府人權委員會最初決定的報告形式、內容與聯合國的準則並不相同，但經過法務部說明之後，府人權委員會也同意變更原決定，改採聯合國的報告撰寫模式。而在歷次報告撰寫說明與審查會議，也是由法務部主動蒐集聯合國相關人權文書及資料，提供給與會的政府官員、NGO、學者專家參考。在規劃報告審查程序方面，法務部也能夠具有基本的規劃能力與知識。法務部這樣的內部研究發展團隊應該增加且擴充，無論是對現有內部同仁的能力建構與提升，或是新增這方面的人力資源，都應該盡速到位。

至於在落實〈結論性意見〉的國家行動計畫方面，礙於人力與資源的有限性，也只能一星期召開一次，一次討論數個段落涉及的諸多人權議題，而無法更精緻地讓每一次會議僅聚焦於特定權利議題，或是讓NGO與政府之間有更多有效的對話時間，因為已無多餘人力及資源能再負荷這樣的工作量。但僅僅是目前的規劃安排，這個落實〈結論性意見〉的國家行動計畫研商會議必須從5月中旬進行到10月始能有較為完整的計畫內容。遑論在此項國家行動計畫開展之後，要監督中央與地方機關對於〈結論性意見〉的落實情形，這不僅是一項全新的業務，更是將觸角伸向地方政府，所需要投入的精力、智慧、溝通協調與人力資源，不在話下。

雖然府人權委員會曾提案要求增加本部辦理人權事務的人力資源，但並沒

有得到政府人事主管部門的同意，這是政府不甚重視人權事務的證據之一。至於政府以外的部門，在不斷嚴厲要求政府要做好人權事務的同時，似乎也沒有以同樣的力道，更積極倡議要增加法務部辦理人權業務的人力與資源。這是法務部在推展人權業務時的一大困境。

2. 民間社會、媒體、國際夥伴的參與可再增加

　　雖然有許多民間社會人士參與這些報告撰寫會議，但是在某些議題上，似乎可以有更多國內與國際NGO、學者專家參與的空間，例如在《公政公約》第16條至第18條的初稿審查會議，只有府人權委員李念祖，以及學術界顧忠華教授及姚孟昌教授[26]出席，[27]完全沒有其他民間社會人士參加，而同時出席的政府官員則來自司法院、內政部、法務部、國防部、教育部、交通部、衛生署、金管會、通傳會、研考會檔案局共計10個中央機關。而在報告撰寫的相關會議，除了台北場在法務部的公聽會以外，其他會議似乎未曾有任何媒體在場。就促進與推廣人權的角度而言，媒體對於報告撰寫的相關報導應受到鼓勵。因此，有必要採取措施，讓媒體更容易取得會議相關資訊及在場採訪。同理，應廣邀NGO、學者專家、權利受影響團體的參與。值得注意的是，在報告撰寫會議所邀請的參與者，都必須是府人權委員所推薦或邀請者為限，不再另行邀請其他人士參與，此種限制的合理性為何？是否有助於提升或反而削弱會議程序與結果的正當性？值得再做進一步探討。

　　在國際夥伴方面，經過這兩年的努力，已經讓外國駐台使節及國際NGO參與這次的報告審查程序。例如，在這次的報告審查會議，有外交官員在會場觀察會議的進行及參加〈結論性意見〉的發表記者會，或是參加中華民國初次報告的英文版發表記者會等。來台灣觀察的國際NGO包括世界公民組織、國際特赦組織、國際人權聯盟、亞太難民權利網絡等代表。美中不足的是，國際

---

[26]　姚孟昌教授幾乎全程出席這80多場的報告審查會議與編輯會議，並貢獻許多精闢見解，令人敬佩。

[27]　參見國家人權報告第七次初稿審查會議紀錄。http://www.humanrights.moj.gov.tw/ct.asp?xItem=283641&ctNode=32924&mp=200。

媒體對於我國這次的報告審查會議沒有相關報導，以後應該加強這方面的聯繫與資訊提供。至於預定從2013年5月中旬開始進行的落實〈結論性意見〉之國家行動計畫系列會議，也應該邀請國際媒體、外國駐台外交官員、國際NGO一同參與，向政府部門表達應如何對各個公約所確認的權利予以尊重、保護及落實方面的意見。

　　此次〈結論性意見〉公布之後，國際人權界也立即有所反應，例如美國紐約大學法學院的人權與全球正義研究中心[28]及亞美法研究所、[29]奧地利維也納大學法學院、[30]國際法學家協會[31]等都在網站刊登此項訊息，且多係正面評價並鼓勵台灣應繼續遵守國際人權標準。在台灣4月份執行死刑之後，人權觀察也呼籲台灣要重新回到2005年至2010年間暫停執行死刑的狀態，並同時提到台灣在2月間舉辦報告審查會議，由包括Manfred Nowak教授在內的獨立專家提供〈結論性意見〉給我國，並建議應暫停執行死刑，人權觀察認為台灣若能廢除死刑，將可向國際社會證明信守人權公約的承諾。[32]由此可見，國際夥伴的參與及建議，將有助於我國朝向國際人權標準邁進。

3. 政府部門須更為重視人權並有所反應

　　如前所述，由於蕭前副總統的要求，在2011年12月報告審查會議後階段的政府官員出席層級已提高到副首長級官員；相較之下，府人權委員早在同年6

---

[28]　參見Center for Human Rights and Global Justice, NYU School of Law. 2013. "Philip Alston and Group of Experts Release Final Recommendations after Evaluating Taiwan's Human Rights Record." 6 March 2013. In http://chrgj.org/philip-alston-and-jerome-cohen-conclude-taiwan-human-rights-review/.

[29]　Yu-Jie Chen. 2013. "A New Tool for Promoting Human Rights in Taiwan." 27 March 2013. In http://www.usasialaw.org/2013/03/a-new-tool-for-promoting-human-rights-in-taiwan/.

[30]　http://bim.lbg.ac.at/en/news/taiwan-s-human-rights-compliance-under-international-review.

[31]　International Commission of Jurists. 2013. "ICJ and Other Rights Groups Encourage Taiwan on Domestic Implementation of Human Rights." 22 March 2013. In http://www.icj.org/icj-omct-and-geneva-for-human-rights-encourage-taiwan-on-domestic-implementation-of-human-rights/?utm_source=rss&utm_medium=rss&utm_campaign=icj-omct-and-geneva-for-human-rights-encourage-taiwan-on-domestic-implementation-of-human-rights.

[32]　Human Rights Watch. 2013. "Taiwan: Reinstate Moratorium on Death Penalty." 25 April 2013. In http://www.hrw.org/news/2013/04/25/taiwan-reinstate-moratorium-death-penalty.

月9日第一次的初稿審查會議即已要求各機關應派副首長以上官員出席會議，結果是無人理會。這樣的情況一直沒有太多的改變，頂多層級提升到司長級官員。後來，府人權委員於府人權委員會開會時提出抱怨要求改善，蕭前副總統於此時始要求副首長級官員出席報告審查會議。因此，這樣的對比至少呈現以下現象：第一，政府部門包括副總統層級以上的高階官員應該盡早且更爲重視此項報告撰寫工作，由有決策權限的高階官員出席報告審查會議，將使民間與政府的對話更有意義與效果；第二，各機關內部雖然有對應的人權業務窗口，卻似乎沒有一個由副首長以上領導並專責統籌報告撰寫的工作小組。這表示人權報告業務對各機關而言，似乎也只是一項公文來去的過程；第三，我們可從撰寫報告希望能在國內層面達成的四個效果來觀察各機關的報告初稿至四稿的共通問題。這四個效果包括：第一，對於各國所採取的措施做全面性的審查，以使國內法律及政策與相關國際人權條約的規定協調一致；第二，以提升人權的角度，來檢查在提升條約人權之享有方面的進展；第三，找出在落實條約的方法上的問題及缺點；第四，爲了達成這些目標而規劃及發展適當的政策。[33]歸納言之，撰寫報告希望能讓各國政府發現人權缺失並提出改善對策，若無法改善，應說明原因及對應策略。

經過一、二、三稿的審查會議，由學者專家、NGO提到諸多的侵害人權或人權缺失的事件，並未能反映在我國政府部門所完成的初次報告內容。換言之，政府部門不願意將民間社會所指責的人權缺失寫入報告；相反地，報告初稿不乏政府施政成效良好之類的用語。

經過府人權委員的反應，蕭前副總統裁示各機關應將人權缺失寫入報告內，若各機關仍未寫入，則由法務部寫進人權報告。最後的實際情形是沒有機關寫到自己的缺失，所以是由法務部參考歷次審查會議與公聽會意見，斟酌聯合國提交報告準則對於人權報告頁數方面的限制（《共同核心文件》介於60頁

---

[33] 同註13，頁57。

至80頁，初次報告不超過60頁），[34]擇要將部分人權缺失寫入報告之中。再經過由府人權委員組成的七位委員，包括王幼玲、李永然、李念祖、蔡麗玲、陳惠馨、黃俊杰、黃默等委員，做終局的討論與潤飾，於2012年2月間完成初步定稿。最後，總統府方面提出另一份建議修正的對案內容，並且在3月間，由總統府羅副秘書長智強主持會議，委請黃俊杰委員協同法務部在總統府內對照總統府方面的對案內容討論，而做最後的定稿。

從以上的過程可發現，這似乎是一種拉鋸戰。府人權委員一度以為取得報告的撰寫與定稿權力，但最後還是由總統府方面做最後的決定，不必再經過府人權委員會的最終認可；這顯示政府部門並不放心把報告的撰寫完全交給府人權委員，但這實在是多慮。總統府方面最後提出的建議修正內容，看起來與之前各機關的態度相同，但由於黃俊杰委員及法務部的說明，表示總統府最後提出的這些意見都是之前已經討論過，而未被府人權委員採納的意見。所以，最後大多仍是維持府人權委員定稿的版本。

綜上所述，如果政府部門能夠更為重視人權，就應該要在報告撰寫上反映各該機關的人權意識，承認人權缺失，提出改善措施。各機關內部應該要有一個專責處理與國際人權公約相關人權議題的工作小組，以有效的督促與反應機制來促使各部門有效的回應人權缺失。

參、審查程序

在聯合國條約監督機構規定的報告程序，各國完成並提交報告之後，需依秘書處安排準備進行審查程序。各國提交的報告是各國與條約監督機構進行建設性對話的基礎，由於我國並非聯合國的會員國，聯合國秘書處勢必不會接受我國的報告並排入議程由條約監督機構進行審查，[35]因此，我國必須籌設一

---

34 準則規定報告的段落格式為1.5倍行距，12號字，字型為Times New Roman。同註13，頁57。
35 當時有關是否要比照我國於2009年將《公政公約》與《經社文公約》的批准書送交聯合國的做法，將我國初次報告送交聯合國秘書處，曾引起一些討論，但最後並未這麼做。考量

個類似於條約監督機構的組織來審查我國的報告，舉辦「公民與政治權利國際公約及經濟社會文化權利國際公約中華民國初次報告國際審查」（下稱國際審查），這是最困難、也最刺激的一部分。

一、七人小組的組成

　　爲了盡速正確地完成報告審查程序的準備工作，並保持資訊的公開與籌備工作的透明度，有必要成立一個工作小組，專責處理與國際審查會議之籌備的有關事項，不宜由每三個月召開一次的府人權委員會來負責如此繁雜而細項的工作。當時兩公約施行監督聯盟一再質疑由法務部擔任國際審查秘書處的中立性與獨立性，並希望能由NGO擔任秘書處的角色。但府人權委員會認爲，應由法務部擔任國際審查秘書處，且成立一個秘書處諮詢委員會，成員包括三名府人權委員及四名民間社會代表，民間社會代表占多數，由秘書處諮詢委員會來指導與監督秘書處及政府辦理國際審查會議。三名府人權委員包括李念祖教授、陳惠馨教授、黃俊杰教授，民間社會代表包括張文貞教授、黃嵩立教授、鄧衍森教授、顧立雄律師。黃默教授則擔任不具表決權的總顧問。

　　七人小組成立之後，分別在5月10日、24日、31日及6月21日召開四次密集會議，討論國際審查會議的準備工作並撰寫邀請函。其中較爲重要的決議包括：第一，成立兩個報告審查委員會，分別審查《公政公約》與《經社文公約》的初次報告。《公政公約》報告審查委員會邀請對象爲Nisuke Ando（日本）、Manfred Nowak（奧地利）、Yakin Erturk（土耳其）、Jerome Alan Cohen（美國）及Asma Jahangir（巴基斯坦）。《經社文公約》報告審查委員會邀請對象爲Heisoo Shin（韓國）、Theodoor Cornelis van Boven（荷蘭）、Virginia Bonoan-Dandan（菲律賓）、Denise Scotto, Esq.（美國）及Philip Alston

---

點主要有二：第一，聯合國可預見地不會收受我國報告；第二，我國既已決定要自行邀請國際人權專家組成報告審查委員會，來審查我國報告，自然也無須再將我國報告送交給聯合國秘書處轉給人權事務委員會或經社文委員會。

（澳洲），並請張文貞教授協助草擬英文邀請信。[36]第二，參考Heisoo Shin教授之建議，我國可邀請德國Eibe Riedel教授擔任《經社文公約》報告之審查委員。[37]第三，請秘書處先聯繫及邀請公民與政治權利中心（Center for Civil and Political Rights）來台培訓秘書處及民間團體，並請秘書處規劃相關事宜；視情況再邀請國際法學家協會（International Commission of Jurists）。[38]第四，各部會參與審查會議及回應問題清單之人選，應由部會首長負責處理。[39]第五，在程序規則方面，暫定議程由秘書處「參酌審查委員意見及議題清單先行規劃」，由秘書處通知「審查」委員並公告。[40]第六，議程為2013年2月25日至27日為審查會議，上午為審查委員會與NGO之會議；下午為審查委員會與政府部門之會議。[41]第七，秘書處應將報告審查委員會成立等相關訊息公告，NGO可直接寄送影子報告予審查委員，或由秘書處協助轉寄相關訊息。[42]第八，各機關對於問題清單（list of issues）的回應與翻譯。[43]第九，Nowak教授及Riedel教授代表所有審查委員寫信予總統關切我國執行死刑之事宜，建請政

[36] 參見公民與政治權利國際公約及經濟社會文化權利國際公約中華民國初次報告國際審查秘書處第一次會議紀錄。http://www.humanrights.moj.gov.tw/ct.aspxItem=283682&ctNode=33566&mp=200。

[37] 參見公民與政治權利國際公約及經濟社會文化權利國際公約中華民國初次報告國際審查秘書處第二次會議紀錄。http://www.humanrights.moj.gov.tw/ct.aspxItem=283681&ctNode=33566&mp=200。

[38] 參見公民與政治權利國際公約及經濟社會文化權利國際公約中華民國初次報告國際審查秘書處第三次會議紀錄。http://www.humanrights.moj.gov.tw/ct.aspxItem=283680&ctNode=33566&mp=200。七人小組關於邀請國際NGO來協助我國各界瞭解審查程序的決議，最初是請台北律師公會詢問國際法學家協會之意願，參見公民與政治權利國際公約及經濟社會文化權利國際公約中華民國初次報告國際審查秘書處第二次會議紀錄。

[39] 同前註。

[40] 參見公民與政治權利國際公約及經濟社會文化權利國際公約中華民國初次報告國際審查秘書處第四次會議紀錄。http://www.humanrights.moj.gov.tw/ct.aspxItem=283679&ctNode=33566&mp=200。

[41] 參見公民與政治權利國際公約及經濟社會文化權利國際公約中華民國初次報告國際審查秘書處第五次會議紀錄。http://www.humanrights.moj.gov.tw/ct.aspxItem=283678&ctNode=33566&mp=200。

[42] 同前註。

[43] 參見公民與政治權利國際公約及經濟社會文化權利國際公約中華民國初次報告國際審查秘書處第六次會議紀錄。http://www.humanrights.moj.gov.tw/ct.aspxItem=283677&ctNode=33566&mp=200。

府慎重考慮審查委員之集體建議，並提報府人權委員會討論。[44]第十，建議邀請外國駐台使節及國際NGO共同參加審查委員之歡迎晚宴與審查會議。[45]第十一，審查委員有權自行獨立完成〈結論性意見〉，我國不宜干涉審查委員是否針對個案提出具體結論及意見。[46]第十二，NGO申請與審查委員對話之對話申請表與發言規則。[47]可見許多重要的事項都在七人小組的討論與決議中完成。

　　其中第11點特別值得讚揚秘書處審查委員的貢獻。由於七人小組對於審查委員獨立性的堅定支持，使得任何想要在由10名國際獨立專家組成的報告審查委員會中另行安插我國籍人士，以及想要對審查委員的〈結論性意見〉做出限制的想法，都無法被接受。

二、邀請國際人權專家組成報告審查委員會

　　邀請國際人權專家來台審查報告，可說是最重要的一個環節。秘書處於2012年6月寄出邀請信，便陸續收到回信，大多數受邀者均表示可以參加，方便的時間大約是2013年2月份，這真是令人振奮的好消息。比較可惜的是Yakin Erturk女士的行程無法配合，為彌補這個空缺，在2012年10月份左右，秘書處依據Manfred Nowak教授代表審查委員會所提供的一份建議名單，由我國自行詢問，並獲得Mary Shanthi Dairiam女士的同意，成為我國《公政公約》報告審查委員會的委員。至於Virginia Bonoan-Dandan教授則是因為電子郵件及書信往來的錯誤，以致秘書處與Virginia Bonoan-Dandan教授之間在第一時間未能正確

44　參見公民與政治權利國際公約及經濟社會文化權利國際公約中華民國初次報告國際審查秘書處第九次會議紀錄。http://www.humanrights.moj.gov.tw/ct.aspxItem=293278&ctNode=33566&mp=200。

45　同前註。

46　參見公民與政治權利國際公約及經濟社會文化權利國際公約中華民國初次報告國際審查秘書處第10次會議紀錄。http://www.humanrights.moj.gov.tw/ct.aspxItem=293287&ctNode=33566&mp=200。

47　參見公民與政治權利國際公約及經濟社會文化權利國際公約中華民國初次報告國際審查秘書處第11次會議紀錄。http://www.humanrights.moj.gov.tw/ct.aspxItem=295378&ctNode=33566&mp=200。

順利聯繫上。但後來在世界公民組織台灣分會的協助之下，秘書處於2012年11月間又再度與Virginia Bonoan-Dandan教授取得聯繫，而於2013年1月間正式獲得其同意來台參加《經社文公約》報告審查會議。而Denise Scotto, Esq.女士最初雖極有意願，卻於會議前因私人因素無法成行。因此，最終成行的共有來自10個國家的10位國際人權專家，分別是《公政公約》報告審查委員會Nisuke Ando（日本）、Jerome Cohen（美國）、Mary Shanthi Dairiam（馬來西亞）、Asma Jahangir（巴基斯坦）及Manfred Nowak（奧地利），《經社文公約》報告審查委員會Philip Alston（澳洲）、Virginia Bonoan-Dandan（菲律賓）、Theodoor Cornelis van Boven（荷蘭）、Eibe Riedel（德國）、Heisoo Shin（韓國）。

　　這10位審查委員的性別比例為男性六位，女性四位。地域分布為亞洲及亞太地區國家有七位，歐洲國家有三位。《公政公約》及《經社文公約》報告審查委員會主席則分別是Manfred Nowak教授及Eibe Riedel教授。這些審查委員過去及現在所擔任的聯合國人權相關職位與經歷都非常豐富且受到許多推崇，經歷包括：人權事務委員會及經社文委員會的主席、副主席及委員，消除對婦女一切形式歧視委員會的副主席及委員，聯合國非司法、簡易或恣意處決特別報告員，聯合國宗教或信仰自由特別報告員，聯合國酷刑與其他殘忍、不人道或侮辱之處遇或懲罰特別報告員，聯合國人權與國際合作獨立專家，也有熟悉台灣、中華人民共和國、美國法律的學者。這確實是一個相當令人感動的絕佳組合。

　　這些審查委員能應邀順利來到台灣，至少有三個重要的因素。第一，這些審查委員對於人權、自由、民主價值的堅持，使他／她們願意協助非聯合國會員國的台灣，落實《公政公約》及《經社文公約》的人權，無需畏懼來自中華人民共和國的可能壓力。在審查會議進行中以及之後，筆者也有機會瞭解到審查委員是如何受到中華人民共和國或聯合國秘書處以哪些方式進行關切，包括審查委員自己或辦公室接到中華人民共和國外交官員的關切電話，詢問審查委員在中華人民共和國的領土台灣參加這樣的會議，這個會議與聯合國的關係；

或是聯合國秘書處的人員詢問審查委員在台灣所參加的審查會議的情形。筆者認爲，審查委員在同意來台灣參加會議的同時，應該都已經瞭解到可能的不利益後果會是什麼，因此，筆者敬佩他／她們仍然願意扛下這個歷史性的重責大任。畢竟，他／她們以實際作爲展現了他／她們作爲一名獨立專家的身分與能力。

　　第二，由於黃默教授、李念祖教授、陳瑤華教授，甚至於是幾位受邀的國際審查委員之間的努力與說服，使得此次受邀對象都能順利答應接受邀請成爲我國的報告審查委員。

　　第三，台灣近幾年來在落實《公政公約》及《經社文公約》方面的努力與表現，讓國際人權專家感到鼓舞與振奮。畢竟，台灣不是聯合國會員國，卻仍願意以制定施行法的方式，自行將《公政公約》及《經社文公約》定位爲國內法，效力優先於與之相牴觸的其他國內法，又願意主動舉辦類似於條約監督機構所進行的報告審查會議，這都是實際發生的事件。相較於其他公約締約國，台灣的表現具有模範性的作用。

三、各界參與報告審查程序的培訓

　　有鑑於國內各界對於我國所將進行的類似聯合國報告審查程序有進一步瞭解的必要，七人小組請秘書處先聯繫及邀請公民與政治權利中心，視情況再邀請國際法學家協會來協助國內人士瞭解聯合國的報告審查程序。在聯繫的過程，秘書處最初與公民與政治權利中心進行接洽，儘管該中心非常願意來協助，但礙於一些因素的考量，以至於無法成行，但該中心仍提供相關教材給秘書處轉給國內各界參考。後來，秘書處轉而接洽國際法學家協會，經過多次書信往來，該協會推派Alex Conte博士於2012年10月29日至31日來我國進行三天的訓練，對象分別是秘書處、政府官員及民間社會人士。

　　Conte博士是國際法學家協會駐聯合國代表，同時也在大學教授國際人權法相關課程。他把整個條約監督機構審查各國報告的程序做清楚說明，非常有助於秘書處、政府官員及民間社會人士的瞭解。這類訓練的確有其必要性，

唯一可惜的是舉辦的時間點有些太晚。這類訓練最好在開始撰寫報告之前就進行，至少也應該在報告撰寫完成之前。但這次舉辦訓練的時間卻已是我國各項準備工作皆大致完成，七人小組、秘書處或關切此次報告審查的NGO其實都已相當瞭解聯合國條約監督機構的報告審查程序，並且設計出我國的對應做法。儘管這次訓練舉辦的時間有點晚，但仍有下列兩項成效：第一，確認我國自行設計的報告程序是否與聯合國模式類似而可行。就此而言，Conte博士也確實發現我國設計的議程有些潛在問題，進而提出修正建議。儘管Conte博士的建議議程最後並沒有被審查委員所採納，事實上，審查委員彼此之間就議程的安排有不同意見，也經過多次討論，到會議前兩星期才大致確定，甚至於有一小部分議程是在會議進行當天才確定。第二，使其他不瞭解報告程序的政府官員與民間社會人士可藉此機會進行瞭解。這項功能雖然可以由七人小組或秘書處提供，但是由具備實際參與報告經驗的Conte博士進行說明，將更有說服力。

四、問題清單及政府的回應

問題清單的作用是條約監督機構於收到報告之後，向報告國所提出的問題，希望能藉此獲得釐清以及報告國提供進一步的資料。條約監督機構通常會在審查會議之前的二到四個月之間提供問題清單，以便報告國能充分準備答案。

在我國的情形則有些不同，英文版的初次報告是在2012年9月底、10月初才提供給審查委員，NGO的英文版影子報告也是在同年11月、12月才提出，這使得審查委員的工作時間變得很短，審查委員也親自寫信向秘書處說明問題清單將會比預定時間較晚提出。無論如何，《經社文公約》與《公政公約》兩份問題清單終於在2013年1月20日前後寄到秘書處，秘書處立即協調翻譯事項，《經社文公約》問題清單由黃嵩立教授及黃怡碧小姐負責，《公政公約》問題清單由張文貞教授（及其兩位助理呂尚雲、李韶曼）以及筆者負責。我們分別在一日之內即完成翻譯。秘書處並在同年月23日將問題清單中、英文版本

同時提供給政府部門及NGO參考，並上網公告。

　　兩份問題清單的前五點都是《共同核心文件》的問題，也幾乎一致，包括設立符合《巴黎原則》的國家人權機構、持續簽署聯合國核心人權條約、依據《兩公約施行法》所做的法令與行政措施之檢討情形、監察院所設人權委員會的職能、企業的人權責任。第六點開始則是公約的個別問題。總計《公政公約》的問題清單有78點，《經社文公約》的問題清單有46點。

　　最爲人關注的是，政府要如何回應這些問題。由於來自包括立法委員及總統府方面的要求，政府部門在2月8日之前即全部提出中、英文的回答，使得秘書處得以在農曆年前的最後一個上班日，將政府對於問題清單的回應提供給審查委員、國內立法委員與NGO，並上網公告。

　　無論政府部門的回應內容是否令人滿意，但從1月24日至2月8日，也只有約十二天的工作日可讓政府提出中、英文的回應，相較於聯合國的二到四個月的準備期間，我國政府部門能在如此短暫時間內完成此項回應，誠屬不易。然而，政府部門的回應，是由各政府部門自行撰寫回應內容，若有涉及各機關者，則由主政機關協調、調整內容，已經不是撰寫報告時必須召開審查會議聽取各界意見的做法。因此，其回應內容純屬各機關對於問題清單的直接態度。而由於所有作業時程皆因2月9日開始的九天農曆新年假期而中斷，可能也影響了NGO再提出回應的件數。日後在規劃報告時程時，應該預留較長的時間，讓政府部門能有較充裕的時間回覆問題清單，NGO也有時間能再提出平行回應。

五、議程的確定與不確定

　　報告審查程序主要是由條約監督機構與各國代表進行建設性的對話，通常是三個半天的會議，條約監督機構利用此機會就公約的人權議題與各國代表進行問答，以利其形成〈結論性意見〉。條約監督機構在審查會前可以有機會聽取NGO的意見，不過時間非常有限。以經社文委員會而言，每個國家的NGO可分配到的正式報告時間約三十分鐘，加上非正式的午餐說明時間約一點五個

小時，以及NGO與委員之間的私下會談，每個國家的非政府組織至多能分配到二至二點五個小時的時間向委員們進行說明。[48]

我國的七人小組原先規劃的報告審查議程，特色在於NGO與政府部門共享相同的會議時間，均為九小時，而且是上午先由NGO進行報告，下午再由政府部門與審查委員開會，總共進行三個整天的會議。它的優點在於NGO有長達九小時的時間向審查委員報告其所關切的台灣人權議題，但這與聯合國模式有很大的不同，也讓審查委員不易理解。畢竟，審查委員是要以聯合國模式來審查我國的報告，重點在於條約監督機構透過與政府代表團的建設性對話，對各國做出改善人權的建議，因此，不會讓NGO有如此多的報告時間。

此外，在2013年1月21日，立法院跨黨派國際人權促進會主席尤美女立委辦公室致電秘書處，表示希望能單獨安排二小時的公聽會時間來促成國際審查委員與立法委員見面交流。由於聯合國模式不會有這個審查委員與各國立法委員見面的安排，這是七人小組及秘書處在原有議程所未曾設想到的情況，所以，秘書處也將立法委員此項請求向審查委員報告。此外，七人小組也建議在某些情況可以採取祕密發言，由國際審查委員祕密地聽取NGO的報告。

審查委員在瞭解並審酌以上這些規劃與情況之後，《公政公約》審查委員會主席Manfred Nowak教授於2013年1月31日寄給秘書處的建議議程，內容是讓立法委員及NGO的代表共享2月25日上午10點至12點的兩個小時發言時間，並且在同日下午5點至7點，讓有意願的審查委員與NGO進行非正式的會議。其他時段，包括2月25日下午2點到4點45分討論《共同核心文件》、2月26日、27日上午及下午各三小時，兩個審查委員會分別與政府代表的會議，總計與政府代表的會議可達將近十五小時。再者，審查委員願意聽取立法委員的意見，也願意從我們寄送的NGO對話申請表去篩選NGO的代表，並希望NGO的代表發言時能精確且輔以摘要的英文書面資料，但是不願意與NGO進行祕密會議。[49]

48　參見Eibe Riedel教授2013年2月6日星期三上午1點5分，主旨為Taipei ICESCR ICCPR Review Agenda draft 5 2 2013的電子郵件。

49　參見Manfred Nowak教授2013年1月31日星期四下午10點49分，主旨為AW: latest development

換言之，NGO不僅無法享有與政府相同的發言時間，反而還要與立法委員共享所剩不多的發言時間，這確實與原規劃落差太大。會議前才表示要參與的立法委員，反而占去參與已久的NGO的時間，也造成NGO與立法委員之間的緊張關係，這樣的發展的確令人訝異。

於是，秘書處依照七人小組的意見，向審查委員表達希望能在第二天、第三天分組審查會議時，考慮讓NGO可以參與（participation），也會提供NGO的名單讓審查委員考慮。[50]但Manfred Nowak教授則再度表示，審查委員單純希望能遵守聯合國條約監督機構的實務運作方式，所有與政府的審查會議都是公開且歡迎NGO參加（attend），如果NGO也可以在所有與政府代表會議時發言的話，審查委員與政府代表之間討論人權議題的時間會不夠。這是審查委員認為不應該讓NGO可以在與政府代表的會議中，享有無限制發言權的唯一理由。[51]即便張文貞教授又再度寫信強烈力勸審查委員應考慮讓政府及NGO享有相同的會議時間，因為NGO比政府準備得更好，更願意做開放性的討論，若政府代表的準備情況不如審查委員所預期得好，那麼花兩天半的時間可能無法有助於審查委員瞭解台灣許多複雜的人權問題。[52]但Manfred Nowak教授仍再度表示，審查委員所遵守的聯合國條約監督機構實務絕不會將NGO排除在外，審查委員當然不會同意各花一半的時間分別與NGO及政府代表舉行會議，因為這是在審查政府的報告。但是審查委員對於允許NGO有限度地積極參與審查委員與政府的會議是採取開放的態度。[53]

Nisuke Ando教授也分享了他在人權事務委員會的二十年經歷。他認為政

---

concerning the review meetings, Taiwan的電子郵件。

[50] 參見郭銘禮2013年2月1日星期五10點39分，主旨為RE: latest development concerning the review meetings, Taiwan的電子郵件。

[51] 參見Manfred Nowak教授2013年2月1日星期五下午6點15分，主旨為AW: latest development concerning the review meetings, Taiwan的電子郵件。

[52] 參見張文貞教授2013年2月1日星期五下午3點46分，主旨為concerns with the time allocation between government representatives and NGOs的電子郵件。

[53] 參見Manfred Nowak教授2013年2月2日星期六上午12點24分，主旨為AW: concerns with the time allocation between government representatives and NGOs的電子郵件。

府與NGO扮演不同的角色，也因此決定了時間分配的不同。政府代表各締約國，負有落實公約的責任，NGO可以提供資訊給委員會，以利委員會確認政府是否有意或無意不提供某些資訊。NGO不代表締約國，也不向審查委員會負責，所以審查委員會對於政府及NGO有著不同功能上的期待，也就有不同的時間分配；再者，審查委員會以〈結論性意見〉對於政府提供落實公約的建議，NGO可以在審查委員會與政府之間發揮補充性的作用。[54]

Manfred Nowak教授接著於2月4日也表示，Nisuke Ando教授說明得非常清楚，雖然NGO可以參與審查委員與政府代表的會議，審查委員會也可以在會議時當場決定要分配多少時間給NGO，但是審查委員會必須確保有足夠的時間與政府討論相關問題。[55]

綜上所述，此時審查委員們想的還是要以聯合國條約監督機構的審查方式來審查我國報告，但是要花更多時間與我國政府代表討論人權議題，也就是比一般審查時間多了約六小時，但是這六小時有一半是處理《共同核心文件》，若扣除此部分，則比一般審查多了三小時。無論如何，審查委員一再強調的要多花時間與政府部門討論人權議題，以及不單獨與NGO有更多會議的想法，在數日後已妥協。

首先是《經社文公約》報告審查委員會的議程，Eibe Riedel教授於2月6日提供新的《經社文公約》報告審查會的議程。在2月25日第一天上午10點到12點及下午5點到7點，仍維持給立法委員及NGO的會議時間，此外，在2月26日及27日兩天的上午9點至10點，各新增一小時給NGO與審查委員開會。而與政府代表的會議，則取消2月27日下午的會議，改爲撰寫〈結論性意見〉。《經社文公約》報告審查委員會也同時提供了會議的一些原則，包括第一，NGO不能在審查委員與政府代表進行對話時有所參與；第二，問題清單不是對話的

54　參見Nisuke Ando教授2013年2月3日星期日上午5點7分，主旨爲Re: further questions concerning the review process in Taiwan的電子郵件。

55　參見Manfred Nowak教授2013年2月4日星期一下午2點40分，主旨爲Re: further questions concerning the review process in Taiwan的電子郵件。

唯一基礎，還要包括初次報告、政府對問題清單的回應，以及任何在對話進行時出現的與〈結論性意見〉有關的其他事項；第三，兩個報告審查委員會就其各自進行的第二天與第三天會議程序事項有權做特別的變動，例如可能會主動參與對話，這也是Manfred Nowak教授所同意的。[56]

在2月10日，Eibe Riedel教授又表示，聯合國經社文權利委員會在日內瓦的運作方式是，每一位NGO代表發言時間為兩分鐘，若是多個NGO組成聯盟共同推派數位代表，則總發言時間約為十分鐘。委員會也堅持必須有足夠時間可以提問。由於台灣申請發言的NGO太多，因此，必須另外處理。所以，《經社文公約》報告審查委員會決定為NGO的會議設定每次會議的發言群組，但是讓NGO自行決定推派發言代表，每位發言者時間為兩分鐘，若是多個團體共同發言，總時間為八分鐘，發言者除應提供一頁的英文摘要，也應該記住——必須留四分之一的時間讓委員提問。不發言的人也可以提供一頁的英文摘要，並請秘書處聯繫NGO安排發言順序，提供一份有發言順序及所屬組織的發言順序單給委員會。委員會就此也會保持彈性。[57]

Manfred Nowak教授則在2月18日捎來《公政公約》報告審查委員會的議程，這時也都已經接近開會日，這份議程調整得與《經社文公約》的議程較為接近，同樣讓NGO在2月26日、27日的上午9點到10點之間各有一小時與審查委員會進行會議的時間，此外，又增加27日下午5點30分到7點的NGO與審查委員的會議時間，後者是《經社文公約》報告審查委員會的議程所無。《公政公約》審查委員會也重視NGO在政府代表會議中的發言權。至於何人能發言，則希望是由NGO自行決定。原則上，希望能發言的NGO代表都可以出席政府代表的會議。[58] 不過，這新增的27日下午5點30分到7點的NGO與審查委

56　同註48。

57　參見Eibe Riedel教授2013年2月4日星期一下午2點40分，主旨為Re: further questions concerning the review process in Taiwan 的電子郵件，以及2013年2月10日星期日下午10點40分，主旨為Taiwan NGO ICESCR presentations 10 2 2013 的電子郵件。

58　參見Manfred Nowak教授2013年2月18日星期一下午6點54分，主旨為Review agenda – CCPR Committee的電子郵件。

員的會議時間似乎是個誤會，因為Nowak教授在2月24日下午與筆者確認議程時，也訝異為何會有這部分。畢竟，聽取完NGO的意見之後，還要給政府代表做說明的機會，但是這新增的部分卻是接在與政府代表的最後一場會議之後。所以，後來這場新增的與NGO會議的性質被定位為非正式會議，也不做轉播或提供翻譯。

議程的不確定性以及太晚提出，也導致秘書處以及熱心的NGO人員在安排上的困難，特別是出現在NGO的發言機會與發言順序部分，NGO對於議程提出一些抱怨與抗議，因為可運用的時間從預計的九小時變成四小時，審查委員再妥協而增為六小時，其中一小時保留給立法委員尤美女及蕭美琴，同時間卻有太多的NGO登記發言，每個NGO都不願放棄這參與的機會，以致需要做溝通與協調。這部分非常感謝府人權委員黃俊杰教授在法務部主持2月2日的NGO參與協調會議，黃嵩立教授及黃怡碧小姐接續協調NGO之合作並提出發言順序。這一天的NGO協調會議正好有剛抵達台灣的審查委員Dandan教授也到會場致意並做出建議，她分享了經社文委員會在日內瓦開會時，NGO之間是如何協調推派代表向委員會做說明。NGO在日內瓦開會時，會協調出最優先的議題並推派代表，就該部分向委員會說明。

台灣的NGO也是第一次參與報告審查會議，數目比在日內瓦開會的NGO超出太多。不同的NGO彼此之間並不一定熟悉或願意合作，再加上我國所建議的NGO與政府代表共享一半會議時間的構想並不被審查委員全盤接受，時間大幅減少而議程又確定得太晚，所以，讓NGO彼此之間能溝通協調的時間也變少。秘書處也必須遵照審查委員的要求，完全不介入NGO之間的溝通協調，儘管偶爾被少數不清楚這項安排的NGO抗議，認為秘書處仍應該介入安排，但秘書處只能一再解釋，秘書處無法介入NGO的事務，並請求諒解。

筆者觀察NGO在第一天《共同核心文件》，以及在第二天、第三天《經社文公約》報告審查委員會的會議發言情形，相當多位發言代表是照稿說明，且超出發言時間以致審查委員少有機會繼續追問，這種溝通方式效率不高且效果不彰，儘管主席已要求發言代表不要照稿唸，但顯然無法改變既有情形。

綜上所述，此次審查會議在議程的安排方面，出現了審查委員與我國期待不符的情況，且儘管《經社文公約》報告審查委員會的議程在2月6日已幾乎確定，但《公政公約》報告審查委員會的議程幾乎是在2月18日始大致確定，以及中間有長達九天的春節連假，導致秘書處以及NGO應變難度增高。因此，日後應就議程相關部分盡早讓審查委員表達意見，與國內各界達成共識，以免類似情況再度發生。

六、政府代表團

這次台灣政府代表團名義上是由法務部曾部長勇夫擔任兩個委員會的政府代表團團長，但曾部長在立法院處理公務，因此完全未參加審查會議或到場。實際上，在場主答並指定其他官員回答問題或報告的是法務部陳次長明堂，某些會議則由在場最高階的官員擔任該場次的團長。無論如何，無法達到七人小組建議的由行政院江院長宜樺擔任團長的想法。

就代表團的參與情形而言，共計有946人次參加三天的會議，但因為會場座位有限，並不是每位政府官員都能夠進入會場。這樣龐大的陣容已讓部分審查委員印象深刻。在回答問題方面，以《經社文公約》報告審查委員會的情形，若無人在場能答覆時，會立即通知業務承辦單位到場做說明，或事後補上資料，這點政府代表團大致上有做好。

筆者曾向七人小組的部分委員建議，七人小組應該建請馬總統以一國之尊在會議之初到議場致辭，回顧我國於1966年簽署聯合國《公政公約》及《經社文公約》時的場景及談話，與2009年的批准公約做連結及新的人權宣誓與承諾，並歡迎審查委員協助我國人權的發展，但不接受詢問，接下來再交給高階政府官員進行會議。不過，七人小組最後並未向總統府做如此的建議。七人小組向總統府建議由江院長宜樺領軍，但實際上看不出來總統府或江院長有此意願。雖說其他國家似乎沒有由首相或行政部門的最高首長領軍，至多是部長級官員至日內瓦參加審查會議的例子，遑論總統到場致辭。但台灣畢竟是個特殊例子，在這全世界可能是前無古人後無來者的情況下，特別是強調我國願意遵

守世界人權標準的場合，並證明我國高階首長也認同此價值的意義之下，由總統到場致辭或行政院院長到場備詢，絕對能發揮上行下效的作用。不過，總統或行政院院長不同意七人小組的建議，使七人小組期待落空。

七、會議場所的功能考量

此次會議審查委員的住宿及會議場地皆在同一飯店區域，也就是公務人力發展中心。筆者參與此次審查會議地點的選址過程及會議，事前依據七人小組的建議，事後參考審查委員的建議與討論，歸納出以下建議：第一，無障礙設施及對身心障礙者友善的審查會議環境應維持並繼續提升。這次的審查會議感謝中華民國殘障聯盟副秘書長暨府人權委員王幼玲的協調，以及該聯盟專員劉佳恩小姐與一位使用輪椅的身障朋友的協助，得以讓秘書處依據身障者之需求提供服務，包括會場提供手語同步翻譯及實況轉播，使用輪椅的身心障礙者可以進入會場，這部分的服務值得肯定，也應隨時代進展與需求而更新。第二，會議場地可考慮選擇能容納更多人的場所。此次秘書處最初查看的會議場所較大，有的甚至能容納100、200人或更多的參加者，因為秘書處希望並預期有許多人將參與會議或旁聽，並考量會有不少採訪與記錄的媒體或各界人士在場。不過，七人小組認為場地費用太高，因而建議先找例如東吳大學城區部的模擬法庭或大會議室，但由於該場地無法於會期中連續使用，且與審查委員的住宿飯店不在一起，可能造成一些時間的浪費與體力的負荷而放棄。七人小組又建議場地應該比照條約監督機構在日內瓦開會時的做法，只需容納數十人的教室型場所即可，有利於審查委員及政府代表或NGO的溝通。秘書處在此限制之下，只能找到公務人力發展中心，一方面結合住宿與會議場所，另一方面教室也只可容納數十人，費用相對不高。但實際情況正如秘書處所預期，由於NGO、政府代表、有興趣的民眾參加情形踴躍，所以實際會議時仍然必須另外租用一樓的兩間大型教室，以及二樓整層樓與三樓的一部分教室，相當不便。不在會場內的人士，只能夠透過投影布幕轉播看到部分的會場畫面，效果有限。而且，由於兩間教室只能分別容納50餘人或40餘人，不僅根本不夠政府

代表團使用，也還必須再提供10個位置供國內外NGO、外國駐台外交官等人士在場觀察，遑論現場口譯室與轉播器材人員的工作空間。所以，除了造成會場擁擠之外，也出現一些不必要的誤會及不便。甚者，這新租用的教室、轉播等新增總體費用，也應該與當初考慮過的大型場地的費用做比較，看看是否省下經費抑或反而是增加支出。而在審查委員於會議開始前向秘書處表示，應讓更多人民在場的想法時，秘書處也是愛莫能助。

　　審查會議是個絕佳的人權教育場合，應該讓更多人有機會在場參與、觀察及感受。基於教育、公開、參與、透明、便利、友善等原則，日後籌備定期報告會議時，還是應以大型會議場地作為首選，無須自我設限、拘泥於聯合國的情況。畢竟，聯合國內部在其有限的硬體資源要如何安排會議場所的考量，不應拘束我國情況，否則似乎是削足適履。

肆、落實〈結論性意見〉的國家行動計畫

一、〈結論性意見〉的意義

　　〈結論性意見〉可說是撰寫報告及辦理審查會議的一個總結，由獨立專家對台灣提出在提升人權方面的改善建議。〈結論性意見〉81點的內容，雖然無法全面性對所有人權議題表示意見，但至少已就部分重要且急迫的議題做出建議。對台灣而言，〈結論性意見〉的意義至少有下列五點：

　　第一，國際人權專家對於政府在落實公約權利保護的義務方面，在方向或策略上給予明確或抽象的建議，並且期盼政府能堅守其對「普世人權標準之承諾」。[59]

　　第二，政府對於〈結論性意見〉的落實情形，除了府人權委員會的監督管考機制以外，將被國內各界及國際社會嚴密監督或觀察，更會被視為國內在人

---

[59] 參見〈結論性意見〉第81點。

權保障方面的提升或退步的重要指標。

　　第三，〈結論性意見〉的範圍，原則上就是下次定期報告所要聚焦的重點。國內各界或國際社會，特別是10位國際人權專家，有可能因為我國不願意遵守〈結論性意見〉，而萌生停止進一步協助我國的念頭，這是否將不利於我國後續定期報告審查會議的籌備與進展，值得持續觀察。[60]

　　第四，我國所邀請的10位國際人權專家所組成的報告審查委員會，功能與地位類似於條約監督機構，因此委員會所做的〈結論性意見〉，可被認為是有權機構對於公約所做的權威性解釋，依照《兩公約施行法》第2條、第3條及第8條的規定，《公政公約》及《經社文公約》具有國內法律效力，且優於與之牴觸的國內法，適用時應參照立法意旨及條約監督機構的解釋。換言之，10位專家所組成的委員會所通過的〈結論性意見〉，應可被認為是《兩公約施行法》第3條所稱的解釋。國內權利受侵害者，若主張國內現有法令違反公約，尋求司法途徑解決，司法機關於做成決定時，有必要參照結論性意見對於公約的解釋。[61]

　　第五，台灣既然如此費心努力籌辦報告審查會議，邀請在國際人權界具有威望的獨立專家提供〈結論性意見〉作為我國落實公約的建議，並獲得相當高的評價，就應該繼續朝這方向有所進展，而不是置之不顧或曲解結論性意見，另做不合理的解釋。

60　法務部在〈結論性意見〉發表不到兩個月的2013年4月19日，再度對六位死刑犯執行死刑，這與國際人權專家在〈結論性意見〉第56段所表達「強烈建議中華民國（台灣）政府應該加緊努力朝向廢除死刑，首要的決定性的步驟就是立刻遵守聯合國大會的相關決議案，暫停執行死刑」的意旨似有不同。這可能是第一個值得觀察後續效應的案例。

61　法務部對於《公政公約》及《經社文公約》的效力曾提出研究意見，認為國內法令與公約牴觸時，應優先適用公約。實務於適用上產生疑義時，可透過機關解釋或聲請司法院解釋。參見法務部對《「國際公約內國法化的實踐」委託研究報告》之對案建議，2009年11月26日，頁8。http://www.humanrights.moj.gov.tw/public/Data/292414332417.pdf。此項對案建議並經學者專家意見表示同意。參見「法務部對『國際公約內國法化之實踐』委託研究對案建議」研商會議紀錄，2009年10月26日，頁11-19。

二、以國家行動計畫落實〈結論性意見〉

在〈結論性意見〉出爐之前，府人權委員會從2012年底即開始討論並要求對政府做後續的管考監督，以便督促政府落實〈結論性意見〉。目前的規劃是先由政府於2013年3月間提出一份對〈結論性意見〉的初步回應，內容單純是政府對〈結論性意見〉的落實做法與時程，並作為自5月份開始至10月份結束的一系列商討如何落實〈結論性意見〉的國家行動計畫會議的討論基礎。這些會議將邀請府人權委員、行政院人權保障推動小組委員、司法院人權暨性別保障委員會委員、考試院人權保障小組委員、監察院人權保障委員會委員、本部人權工作小組委員、曾參與《初次國家人權報告》及國際審查會議的學者專家、國內外NGO代表、立法委員、立法院跨黨派國際人權促進會、外國駐台使館及權責機關與會。

聯合國人權事務高級專員辦公室曾經在2002年出版《國家人權行動計畫手冊》（*Handbook on National Human Rights Plans of Action*），[62]供各國參考，協助各國擬定國家人權行動計畫，這是起因於1993年世界人權會議建議各國制定該計畫以促進與保護人權。該手冊分為三大部分，分別是國家行動計畫與早期經驗、發展國家行動計畫，以及落實、監測與評價國家行動計畫。但該手冊並非針對落實〈結論性意見〉的國家行動計畫而寫，該手冊也強調各國情況不同，因此，該手冊只是將一般性的元素提供各國參考。我國在落實〈結論性意見〉方面所研擬完成的國家行動計畫，日後也可當作其他國家的參考依據。

筆者想強調的是，立法院應積極參與落實〈結論性意見〉，NGO也應強力監督立法委員審查法案的進度與品質，府人權委員會亦應與立法委員緊密合作。畢竟，落實〈結論性意見〉的法律修正案，仍然需要立法委員盡速審查完畢，NGO更應勇於監督國會，而不是將全數心力放在監督行政部門，尤其是當行政部門已經將法律修正案送請立法院審議時。至於府人權委員會特別應該

---

[62] 請參見http://www2.ohchr.org/english/issues/plan_actions/。法務部已於2013年4月1日提供手冊之重點摘要供府人權委員及七人小組參考。

與立法院建立有效率的聯繫管道，針對落實〈結論性意見〉的相關法案做意見交流，促使立法院瞭解人權保護的優先性，這也是2012年的〈貝爾格勒原則〉的建議。[63]

伍、結語

　　這兩年所進行的初次國家人權報告之撰寫及報告審查會議，已獲得正面肯定，並將繼續擴增其效應。而我國政府對於〈結論性意見〉的落實情形，絕對需要更有效的監督與考核；政府施政若與〈結論性意見〉有所違背，也應該有一定的督責機制。日後在籌備定期報告之撰寫與審查會議時，應該記取此次的優點與缺點，再做提升。

63　有關結論性意見的內容、特性及落實方法，請參見拙著。2013。〈如何落實結論性意見〉。《全國律師月刊》，2013年3月號。

王幼玲

　　黃默老師發了個伊眉兒，囑我寫一篇關於國家人權初次報告撰寫及國際審查過程的稿子。我想從人權專家建議的〈結論性意見與建議〉（下稱〈結論性意見〉）作為這篇文章的起始及結尾，來回顧這兩年來撰寫國家人權報告的過程；過程中發生的爭辯、衝突與矛盾，充分反應目前「總統府人權諮詢委員會」角色的侷限與尷尬。

　　「專家團認為中華民國（臺灣）政府與人民對於遵循相關人權義務的監督程序展現模範性的決心。政府遵循國際慣例提出有價值且詳盡的報告，並以高度建設性的態度與專家互動。」（專家結論性意見第4點）

壹、決定採聯合國模式提出國家人權報告

　　這份國際人權專家認定具有價值、內容詳盡、遵循國際前例的國家人權報告，開始的時候並不是這樣規劃的。2010年12月10日召開總統府人權諮詢委員會（下稱府人權委員會）第一次會議、2011年1月14日召開第二次府人權委員會會議，討論國家人權報告的形式與審議。當時的決議是由幕僚提出規劃，依過去行政院出版的人權報告書格式，分主題章節來撰寫，同時於決議中提到「國家人權報告出版時，希望能經國際著名之人權學者先行觀察，徵詢其意見，俾與國際接軌並及時修正，國際人權專家的意見應予以尊重，以增加報告的公信力，惟非國際義務，我國不對國際人權專家負責。」剛上任的委員，對

---

* 　本文原刊登於《台灣人權學刊》，第2卷第1期，2013年6月，頁107-121。

《公民與政治權利國際公約》（下稱《公政公約》）、《經濟社會文化權利國際公約》（下稱《經社文公約》）（以下合稱《兩公約》）及國際人權公約的國家報告及審查所知有限，只有對章節內容提出增列如財產權、性別人權等議題，並沒有就形式體例表示意見。

　　最後台灣的國家人權初次報告以及國際審查，都依照聯合國的規格辦理，其中經過許多轉折。2011年2月初，議事組人員開始依照一般議題及專題的分組徵詢委員們的意願。2月14日陳惠馨委員先向議事組提出要求，希望提供其他國家的人權報告以便參照，郭銘禮檢察官提供許多國家的人權報告及連結網頁。陳惠馨委員首先在群組的電子郵件建議應該更改原先的決議，否則和聯合國的體例不同，難以和國際對話。這樣的意見在更多諮詢委員比較其他國家人權報告和議事組規劃的差異後，有所發酵。黃默委員提出國家人權報告應該由哪個單位起草、撰寫？審稿的機制？他建議應該採用聯合國規範的格式來提出國家報告，有包括我在內的委員附和這樣的意見。

　　府人權委員會是任務型的組織，委員為兼職，除了執業律師、在學校任職的學者教授，也有非法政背景的民間團體工作者（我就是）。沒有任何教育訓練或國際人權資訊的情況下，於自我學習及委員會在人權報告中擔負角色的衝撞中，展開台灣人權史上第一次國家人權報告的撰寫。

　　2011年3月31日，所有的諮詢委員都收到一封非常長的電子郵件，說明聯合國人權報告的內容準則及報告內容。在2011年4月12日召開的第三次府人權委員會會議，議事組提出了甲、乙兩個提議：甲案維持上次會議通過的國家人權報告的格式；乙案是依循聯合國的模式分別就《公政公約》和《經社文公約》各自撰寫，最後的決議是：「國家報告之撰寫方式應依照聯合國所印發之『國際人權條約締約國提交報告的形式和內容準則彙編』向聯合國提出初次及定期報告，依兩公約之條文及其一般性意見所規定事項及建立之人權標準，逐條說明我國相應之保障人權制度，以檢視我國人權現況。」確認不再採用分組運作。

貳、論證府人權委員會在國家人權報告的角色

雖然在第三次會議中，當時的會議召集人蕭萬長副總統，對國家人權報告內容有重要的裁示，指出：「要以總統的高度檢視台灣當前需要加強的人權項目，使社會大眾瞭解我們的人權願景，並與國際接軌。」但是往後將近一年撰寫國家人權報告書的過程，府人權委員會要不要介入意見讓人權報告真實反映人權缺失，還是保持中立（或旁觀）的態度，委員會內部、行政機關甚或總統府數度折衝。

開始逐條審議各部會提出的人權報告初稿的第一、二審會議，每個出席的諮詢委員和專家學者桌上堆放著一大落議事組提供的參考資料，有中英文的《兩公約》條文、一般意見書、《國際人權條約締約國提交報告的形式和內容準則彙編》、非政府組織（下稱NGO）參與報告過程之準則、英文版的土耳其（初次報告）、德國、荷蘭、芬蘭、瑞典等各國的人權報告，對於出席參加且有時還要主持會議的委員是很沉重的負擔，當時自己成為速讀機器，所有的資料只能囫圇吞棗，強迫瞭解撰寫準則及一般意見書的內容，和各部會提出的初稿相較，現學現用。面對尚未瞭解國家人權報告用意，而全面為現有政策辯護的出席政府部門代表，一方面要告知人權報告的形式和內容；二來要形成促進人權意識的積極對話，心裡的緊張和壓力，有時夾雜憤怒的心情實在超出精神負荷，那段期間常常出現緊張型的胃痛和頭痛。

在各次會議議程書面資料的首頁，都有議事組的提醒文字，如：「蕭副總統於100年7月15日總統府人權諮詢委員會第四次會議中明確指示，希望各機關主管要認真看過所提交的國家人權報告資料，若有重視度不夠的機關，請提供名單給蕭副總統，蕭副總統會親自提醒各機關主管。」不難看出，審查會初期，各部會決策長官並不重視，需要議事組不時祭出尚方寶劍。

對於府人權委員會在國家人權報告擔任之角色定位，及國家人權報告之體例格式，委員會內部開始浮現不同的意見，在經過密集召開共41次國家人權報告初稿及第二稿的審查會後，府人權委員會特別為這個議題在2011年8月30日

召開一次會議，第五次會議邀請了學者專家來列席。有委員主張，國家人權報告之提出是府人權委員會的任務之一，因此無法置身事外，政府部門寫來的報告初稿，諮詢委員很難不給予評議意見，就像廚師看到一盤平淡無味的菜，會忍不住要出手加點胡椒什麼的調味料，何況一份沒有誠意的人權報告，會讓簽署《兩公約》的馬英九總統遭致非議。

有的委員認為，諮詢委員既然是諮詢的身分就沒有權限介入。我則是騎牆派，看到政府部門對人權缺失自我檢視的抗拒，需要上位者強大的意志在行政體制上全面貫徹，以沒有實權的府人權委員會去要求，無異緣木求魚，府人權委員會無法對台灣的人權現狀負責；另一方面想如果能在正式的國家報告載入人權缺失，應該有助追蹤管考後續改進的作業。

會議做成的決議是：「人權諮詢委員會在國家人權報告擔任之角色，究係撰寫者或觀察者、監督者？多數委員認同國家人權報告應由政府行政部門撰寫，人權諮詢委員及專家學者則扮演監測、協助之角色，俾提出客觀、中立之人權報告，達到督促及交流之效果。」蕭副總統召集人同時指示：「人權報告第三稿彙整完成時，盡速送交委員及專家學者審查，如有必要亦可同時執筆修正。如過程中發現行政機關堅持己見時，或許可再開臨時會處理，但開會之前應先瞭解其堅持之立場及理由。」

參、促成專家、學者及諮詢委員提出評議意見

這次會議結論成為往後議事組處理人權報告重要的依據。2011年9月進行10次第三稿的審議，在此之前議事組先進行初步整理和編輯，由於過去的工作經驗，又看到議事組忙成一團，我自己也協助幫忙編纂彙整《經社文公約》第6條保障工作權、第7條保障勞動條件、第9條社會保障，以及第11條適足生活水準。我的策略是同時根據一般性意見書，要求部會提供相關的資料，我想即使府人權委員不便直接提評議意見，那就讓數字說話，透過統計數字呈現事

實。在第三稿彙整過程中有委員按捺不住，提出評議意見，議事組另為表列徵詢部會是否同意這樣評議。如「我國關於藍領與白領外勞的家庭團聚權有差別待遇，請勞委會表示是否同意」、「勞委會補充說明有何措施協助非正規經濟工作者回歸正規經濟工作，特別針對中高齡工作者及婦女。請勞委會就非正式經濟之相關議題預按做規劃」、「若以每戶三人計算（不工作之配偶及一名子女），乘以各地區之人均最低生活費用，顯見最低工資無法維持勞工本人及家屬符合經社文公約規定之合理生活水準」、「參酌司法院釋字242號解釋，軍人於軍人婚姻條例（業於94年12月7日廢止）未經長官同意之婚姻無效部分，各級法院於人民訴訟時適用舊法判決軍人婚姻條例時代之婚姻無效，與公政公約第23條有所違背，使人民的家庭受保障之權利受到影響，請司法院表示是否同意」、「我國人民對於某些有罪判決案件並無享有聲請上級法院覆判之權利」等。

　　第三稿撰寫的過程，外部專家學者、府人權委員彼此之間，與機關之間出現歧異，我發現這種臨時任務編組審議型態，如果參與者不是有相當程度的投入及參與，很難完整瞭解整個國家人權報告的撰寫準則及相關的一般意見書內容，或者因關照領域或重點不同，不易形成焦點。要政府機關接受現有政策、措施或法令有侵犯人權的地方，更讓他們惶惶不安、極力抗拒。

　　2011年10月13日第六次府人權委員會會議確認了國家人權報告的初稿，會議決議：「原則上維持今日初稿形式，各委員之意見請議事組與相關機關協調，體例格式保留條文並加以陳述。同時以本委員會召集人蕭副總統名義致函各機關首長，請再檢視國家人權報告初稿內容是否妥適。公聽會無法討論過多細節，但可聽取趨勢，請儘量聽取各界意見，採納有建設性之建議。」

　　這份國家人權報告初稿像是行政院施政報告的另一個版本，充斥著政府機關各式各樣的施政計畫，不時出現「已充分維護權益」、「成效卓著」等表達施政績效的形容，在經過北、中、南四個場次的公聽會，民間團體砲聲隆隆，指這份人權報告隱惡揚善，只呈現法令規定及政策計畫，看不到實際落實的效應，也沒有陳述違反公約規定的內容。公聽會結束，所有部會的國家人權報告

聯絡人，收到議事組的通知，告知：「總統府人權諮詢委員會召集人蕭副總統前於100年10月3日第六次委員會裁示，請各院、部會協助精簡國家人權報告書初稿內容，嗣並於11月9日以箋函請各院及部會首長協助更新報告內容及相關數據。」並預告將於2011年12月12日至30日召開11場之第四稿審查會議。

在第四稿審查會議，議事組仍然把「依召集人蕭副總統100年10月13日第六次總統府人權諮詢委員會會議裁示，即便政府尚無因應措施，人權不足之現況亦應納入報告。因此，若各機關欠缺此方面之說明，則授權議事組依討論結果逕行修改各機關提供之稿件資料。」這些文字置於開會資料的首頁，並且羅列公聽會民間意見，討論是否納入人權報告當中，因此這四審11次會議，出席的部會代表明顯提高到次長及司長層級。

肆、加強政府部會對人權價值的理解

在人權報告書裡居住正義的部分，因為等不到部會的資料，後來就由我自己來執筆，但是只能限於土地徵收的問題。在報告南特集體性侵案的會議上，教育部顢頇推諉的官僚態度，讓我當場氣憤流淚。因為事態嚴重，主席裁示要教育部特別召開一次會議來討論，最後定稿的文字主要由我來起草。原住民自決權的問題，一直都只有官方的說法。在第四審時，中華人權協會的蘇友辰律師提供了一份報告，說明《原住民族基本法》無法保障原住民在傳統領域的土地及自然資源權利，雖然不是原住民團體所撰述的觀點，但能相當程度反映原住民自決權的問題，我也建議納入報告中。

雖然有決議要將公聽會上社會大眾之意見彙整於國家人權報告，但是府人權委員會在國家人權報告的定位，委員間一直有不同意見。在人權報告初稿及完稿前，都有委員提議針對報告書提出諮詢委員會的評價和建議，主張諮詢委員會只是協助政府各部會撰寫國家報告書，議事組及委員學者、專家在資料彙整過程中有提供的增刪與補充意見，需要經過政府各部門所確認。

2012年1月19日第七次府人權委員會要確定人權報告的定稿，委員提到的意見有：「報告中的形容詞應刪除，用字應求中立」、「國家報告裡是否標明當年度爭議案件或在條文下以專門欄位敘明其為爭議案件，但表述應盡可能客觀，不宜以民眾或人權團體之立場敘述」、「結束50年國民黨一黨專政的體制的用語不夠精準」、「個人想法及爭議案件是否置於本文或註解，應採取全體能夠接受之格式」、「部分堅持立場的部會，應請召集人與其首長溝通」。

出席的內政部林常務次長發言，希望人權報告讓行政部門有再檢視並修正之機會，並將修正後之報告送請委員審查，如此可兼顧民間意見但也不失政府部門立場。

召集人蕭副總統的決議是：「一、請議事組先行統一格式及用語，爭議案件以本人名義函請權責部會首長先行審閱，並請總統府第一局余局長先致電相關首長說明本人之叮囑，請其務必用心閱讀。二、請黃委員默、黃委員俊杰、王委員幼玲、蔡委員麗玲、陳委員惠馨、李委員念祖、李委員永然等七位委員擔任審查小組成員，協助審查定稿，定稿完成後付梓，完成後將建請由總統召開大型記者會，並邀請國內、外記者、相關部會首長及各委員到場。」

召開第七次府人權委員會會議時，第13屆總統、副總統及立委選舉方才結束，馬總統繼續連任，而由副總統兼任府人權委員會的召集人，也確定由吳敦義接任。總統府的正副秘書長、發言人都做了調整。兼任府人權委員會執行秘書的副秘書長高朗換成曾當過馬總統競選總部發言人的羅智強。

伍、主張國家人權報告需要納入缺失檢討

在進行終審之前，我曾經給所有委員一封表達自己想法的信件，我指出：「限於諮詢的角色，委員甚至無法針對個案作成移請權責機關處理的決議，那麼這份依聯合國撰寫準則所提出的人權報告書，是唯一決定我們能否名留青史的關鍵，留下的不是付梓的名字，而是曾經投注的理想和堅持。」「總統府人

權諮詢委員會是總統的幕僚，不是政府行政部門的諮詢委員，所以諮詢委員應該忠實反映政策與兩個人權公約之間的現況，並且提出建議，或許可以給馬總統另外一份人權實踐及人權教育的建言。至於馬總統可以接受到什麼程度，他跟幕僚會有定見，其實不必擔心也不必先行揣摩。」

　　我還舉中國大陸的例子：「中國在2001年批准並生效經濟社會文化國際公約，2003年提交第一次履約報告，2010年6月再提出第二次報告。這次報告中，中國回應聯合國經社文權利委員會對第一次報告的建議，並且在每一個條文都以履行的困難與挑戰作為結語，譬如承認國有和集體企業下崗失業人員的就業問題尚未完全解決，城鄉社會保障發展不平衡，制度設計不完善，部分人缺乏有效的制度安排等；也提到自然生態保護與經濟發展有嚴重的矛盾；回應委員會要求，談三峽大壩及北京奧運會遷移居民的處理；主動報告2008年三鹿嬰兒奶粉事件是重大的食品安全事故；甚至提及國家公務員特別是地方行政人員的人權意識和依法行政需要加強。雖然這些檢討都是泛泛之論，甚至避重就輕，不過意思到了。」強調中國大陸況且如此，台灣的人權報告要瞠乎其後嗎？

　　我列舉幾個最牛部會，如環保署、勞委會、內政部、衛生署等，爭執的都是重要的人權議題，應該在人權報告書上呈現：

一、環保署對中科三期的環評結果遭最高行政法院駁回及提到環評限制民眾參與表示強烈意見。可是接連還有台東美麗灣開發案的環評在1月19日遭最高行政法院裁定無效定讞。環評是環境權的守門關卡，環境影響評估作業在中央及地方都因為程序不夠周延出了問題，而開發卻已經大規模進行，國家人權報告書可以迴避這個議題嗎？

二、勞委會的問題在於，擴大對非正規經濟勞工的保障、增加失業給付的對象、給予職災勞工最低生活保障、如何處理薪資水準降低但是工時增加的問題、基本工資是否能滿足勞工家庭的適足生活水準、身障者的就業率及薪資、職訓機會低於一般人，以及外籍移工的勞動人權、藍白領勞工的差別待遇等。勞委會一直強力辯護政策，但是上述是中外人權專家都提過的

疑慮，人權報告書裡不提，就能強渡關山嗎？

三、內政部（或相關部會）對《集會遊行法》的和平集會部分能否引用《公政公約》而廢止使用採保守的做法，認為要透過大法官解釋。這點和中國的立場很相似，認為國際人權條約不直接作為中國法院審理案件的法律依據，而需要透過立法程序。中華民國（台灣）可以比中國（大陸）更積極嗎？

四、強迫驅離部分，內政部回復要求刪除這五年徵地的統計資料，稱和適足住屋權無關，完全不瞭解公約內容，立法院通過《土地徵收條例》的修正不就要回應人民土地正義的要求？內政部卻懶得自己做檢討。這個部分還沒有把都更問題放進去。

五、2011年9月底，全國的低收入戶占全國總戶數的1.54%，占全國總人口數1.30%，加上中低收入戶總計占3.7%，而美國的低收入戶是17%。目前2011年7月實施新修正的《社會救助法》，還是維持虛擬所得的核算，對有工作能力卻未有收入者，在計算家戶所得時，予以核計所得，使人民在取得社會救助蒙受不利益；對於有工作能力與意願，卻無法找到工作，或是僅有減損之工作能力導致難以就業者，虛擬所得的制度設計，無視其困境，且排除了他們尋求社會救助的可能。這個部分要在人權報告書中指明嗎？

六、衛生署的健保鎖卡問題，聲稱安心就醫方案已經解決經濟弱勢的就醫問題，還有20萬人被鎖卡，都是非經濟弱勢，我原來也如此相信。直到報導有被鎖卡的孕婦流產大出血而死，以及我訪查到未加入勞保又沒錢交健保費的職災勞工，沒有錢醫治他的眼睛，才發現不是這樣的。府人權委員會要不要做出建議？

七、教育部的部分，所有的資料都是正面的業務報告，像校園霸凌案件、南特集體性侵事件、台東專校女生被強制住院等，都像擠牙膏一樣，逼到後來才提供較詳細的資料。除了這些案例，以及學生的學費負擔問題，和多元性別教育外，很多時候教育部根本不清楚委員及專家詢問的議題內涵。

八、自決權的部分，第5點當然會引發意見。不過，這不就是許多懷疑、猜

忌、不信任的來源嗎？過去面對中國的態度，讓許多中華民國國民覺得沒有尊嚴。馬總統選後的公開談話，沒有一次不提到要用生命捍衛台灣主權，顯示他非常瞭解這是關鍵所在。怎麼樣才能讓人民當家作主，決定自己的未來應該是自決權的精神，國家人權報告書可以閃躲這個話題嗎？

陸、避開侵犯人民自決權利的爭議

因為衛生署堅持全民健康保險為全國性的衛生（健康）政策，認為報告中府人權委員與社會各界對健保鎖卡政策之批評與質疑，以及去年新北市孕婦的案例之說明，與事實有所差距，要求全文刪除。勞委會則強調一定要依照長官核准的文字，說明藍領、白領勞工對家庭團聚、健康檢查項目的規範差異是「由於我國跨國勞動力引進政策目的不同」、「為因應我國產業及社會照顧需求」，而且現有法律依據，並沒有列入違反《兩公約》需修正的法案，要求刪除違反公約不歧視及禁止法律歧視規定的字樣。這些的爭執意見必須在第五稿塵埃落定，否則原先預定出版的時間就會延宕。

第五稿最終審採用的方式是，先聽取政府部門對報告堅持的意見，然後請他們離席，由委員共同商議。在第五稿，委員對照人權報告逐條、逐句、逐字來檢視政府部門所提的條文，共識是政府部門的意見如果無關重要關鍵議題，審查小組並不必堅持，但是多數時候大家在文字上雕琢，或者轉換說法，或者說得隱晦婉轉，或者改用中性描述。如原來是「必須正視」改為「需要檢討」，如「所以衛生署的安心就醫方案不能解決無力繳交健保費人民的健康權，甚至威脅生命權，已經違反經社文公約第9條社會保障及第12條健康權的規定」改為「政府應積極檢討各種可能的措施，例如廢除健保鎖卡制度，以便平等而完整的保障人民的健康權與生命」。「財團或投機客不斷藉由炒作不動產價格而獲得不成比例利益」修辭為「導致有輿論批評財團或投機客藉由炒作不動產價格而獲得利益」等。

在第五稿中，《公政公約》第1條自決權引起委員間激烈的辯論。原來有五個段落的說明，但是陸委會和內政部都提出異議，要求要刪除第4、5段文字：

「不過，中華人民共和國（下稱中國）自1949年開始堅持『只有一個中國，臺灣是中國的一部分』，認定兩岸處於內戰分裂狀態，自1949年起至1965年止對中華民國發動多次戰爭，並且在國際社會阻撓中華民國參與國際社會，使中華民國於1971年退出聯合國，原則上只能以中華臺北之名義參與國際活動，邦交國數目從一百多國降至僅剩十餘國。1996年中華民國舉行首次人民直選總統時，中國對臺灣附近海域發射飛彈並舉行軍事演習，2005年再通過反分裂國家法，從未放棄在必要時以武力統一臺灣，均嚴重侵犯中華民國人民之自決權利。」

「儘管受到中國以及其他國家的孤立與阻撓，但中華民國政府也必須自我檢討各項政策與措施。例如在處理與中國相關之事務時，是否常自我貶低中華民國之主權地位，過度限制人民的自決權、表達意見、集會遊行、參與公共事務等受《公民與政治權利國際公約》（下稱《公政公約》）保障之權利。包括在中國派遣陳雲林來臺北時，警察及情治單位對人民表達不同意見，採取過度的執法方式，例如取走人民手中揮舞的中華民國國旗、衝入並關閉正播放本土音樂的唱片行、嚴密監控抗議的民眾；以及涉及國家重要經濟發展的兩岸經濟合作架構協議，行政部門也拒絕送交立法院審議或交由公民投票決定。弱勢人民在這些重要的交往與協議中所可能受到的不利影響，是特別要被關注的，中華民國政府應該要能夠完整而專注於保障人民，尤其是弱勢人民自由決定其政治地位並自由從事其經濟、社會與文化之發展權利。」

有委員主張在我國的憲法架構下本來就主權獨立，所以沒有人民自決權的問題，第5段所述的陳雲林事件，應該歸咎於警方對集會遊行的執法不當，無法延伸出政府處理中國相關事務常自我貶抑主權地位的結論。因為各有堅

持，所以提出折衷方案，將第4段文字移到核心文件，當作是國家特殊情況的敘述，避開自決權的爭議；陳雲林事件引用監察院的調查報告，不再做其他論述。最後在核心文件定稿的文字如下：

「中國大陸自1949年建政，迄今不正視中華民國存在的事實。其自1949年起至1965年止，曾對中華民國金門、馬祖等地區發動多次攻擊，並反對中華民國參與國際社會，且於1971年取代中華民國在聯合國的席位，限縮中華民國參與國際組織及國際活動空間。1996年中華民國舉行首次人民直選總統時，中國大陸對臺灣附近海域發射飛彈並舉行軍事演習，更於2005年通過反分裂國家法，建立對臺用武之法源。目前兩岸雖已通過多項協議，尋求緩和彼此之關係，但中國大陸迄未放棄以武力統一臺灣之政策，政府仍力求兩岸關係制度化，以維持不統、不獨、不武之政策，但過程中應瞭解體會民間之疑慮及不安。」

柒、府方強調對核能安全的重視

2012年2月起連續六天終審會議，2月9日完成了國家人權報告的完稿版，在送總統府審定期間，議事組仍然傳來衛生署、勞委會、原能會、內政部的異議，我回了一封電子郵件，請議事組不要再傳來要讓我們「卓參」，因為國家人權報告已經召開五次82場次的審議會議，最後一次審議定稿六天，每個委員要投入二十四小時，加上工作人員，總計超過二百四十個小時。審查委員幾乎字字斟酌，修正過的文字也都經過出席委員的同意，如果部會老調重提，我的立場是不再修正，因為不想讓自己的沉默被視為默認，請議事組不要再傳信。這封信有其他委員附議。

後來信都到總統府去了吧！之後有一段時間遲遲沒有總統府的審定結果，大家心裡出現疑問。2月底七位審查小組的成員，接到召集人蕭副總統餐會的邀約，因為沒有說明目的，彼此打聽的結果是，執行秘書羅智強副秘書長擔心

人權報告中對爭議事件的寫法與政府之前對同一事件的說法有差別，媒體容易在這裡面見縫插針。探詢再開會修正或以註釋處理爭議事項的可能，有委員認為餐會是要告知總統府對人權報告書的修正意見，醞釀不要參加「鴻門宴」為修正背書。

2012年2月29日，蕭副總統的餐會上，我看到府方準備好的報告資料，但是並沒有拿出來討論，羅智強副秘書長提及約有10處至20處希望在尊重諮詢委員意見下，亦能納入主管機關的說明，將委由黃俊杰委員來協助處理，也提到會把修改處列出對照，席間李念祖委員跟羅副秘書長說：「國家人權報告就像是國家人權的體檢報告，都沒有問題是不可能的。」我認為這個比喻非常貼切，不知道有沒有紓解羅副秘書長當時的焦慮。

餐會之後，各部會、羅副秘書長及黃俊杰委員三方來來回回地討論修正內容，總統府又請司法院副院長蘇永欽委員做最後審閱。2011年3月22日，委員們收到總統府的修正版本，除了部會堅持加上會改進、會後續辦理的承諾與修飾文字（內政部居多，好像考試成績不好的學生擔心受罰，一定要跟師長做出保證，非常符合當時內政部部長、時任行政院院長江宜樺的性格）；報告中的中華人民共和國統一改稱中國大陸；在居住權的部分，接受財政部建議，增列國有土地不標售，對非法占用者，則循司法程序收回後始辦理處分的說明。修改幅度最大的是關於核能政策的檢討說明，對加強核能安全多所著墨，顯示馬英九總統對核能發電的一貫立場。

《經社文公約》報告中委員終審有關核子設施的文字：

「臺灣已有三座運轉中的核電廠，第四座核電廠正興建中，有三座位在北部沿海地區，一旦發生嚴重的核子事故而不可控制時，有使占臺灣人口三分之一的北部地區人民受到嚴重傷害之虞，另一座核電廠竟設置於國家公園內，亦引起對於生態造成威脅之嚴屬批評，核能廢料則送往位於臺灣東部外海的蘭嶼島存放，受到該島居民，主要為原住民之長期抗議。政府尚未形成全面採取替代核能發電之能源政策。」

最後總統府接受經濟部的修正文字為：

「臺灣已有三座運轉中的核電廠，第四座核電廠正興建中，有三座位在北部沿海地區，政府應以日本福島核災為殷鑑，進行『全面核安總體檢』及強化複合性天然災害應變能力，並建置『機組斷然處置措施』，以全力預防核子事故發生嚴重而不可控制的情形。核能低廢料送往位於臺灣東部外海的蘭嶼島存放，受到該島居民，主要為原住民之長期抗議。為解決此一問題政府針對低放射性廢棄物之處置已完成建議候選場址作業，俟最終處置場完成相關選址程序並竣工啟用後，將儘速完成蘭嶼貯存場廢棄物桶之遷移及進行除役拆場作業。另依據『環境基本法』所揭示非核家園目標，政府已於2011年11月3日宣示新能源政策，並以務實穩健做法積極落實各項節能減碳與穩定電力供應配套措施，打造達成非核之有利條件，『逐步邁向非核家園』之目標。」

捌、規劃研議成立人權專責機構

2012年4月20日馬英九總統公布《公政公約》、《經社文公約》初次報告及《共同核心文件》。2011年10月13日第六次府人權委員會會議，討論邀請聯合國人權審查委員，協助進行國家人權報告書審查，並成立國家人權報告書審查委員名單諮詢小組七人。在召集人蕭副總統接見兩公約施行監督聯盟後，加入民間專家與府人權委員組成處理國際審議事務的小組，審議過程又是另一段故事。

最後回到國際審查的〈結論性意見〉第8點：「許多國家，包括不少亞太地區國家，均體認到在現有憲法架構之外，有成立獨立的國家人權委員會的必要，以符合聯合國大會在1993年所通過關於國家人權機構之地位的《巴黎原則》就獨立性與自主性之要求。此種委員會特別可以在廣泛的公民、文化、經濟、政治與社會等權利方面發揮諮詢、監督與調查的功能，亦應對於《促進與

保護人權的國家行動計畫》的制定發揮作用。」

　　第9點：「專家建議政府訂出確切時間表，把依照《巴黎原則》成立獨立的國家人權委員會列爲優先目標。」

　　沒有獨立行使職權的國家人權機構，府人權委員會在人權報告書撰寫過程遭遇質疑的經驗還會再重演，應該是最中肯的結論。府人權委員會第三次會議，陳惠馨委員便以臨時動議的方式，提出在總統府下設置專責人權委員會或人權單位的提案。第六次會議決議通過「成立國家人權機構規劃小組」案；第七次會議，蕭副總統再度提到討論成立獨立人權委員會的時機已經成熟，指示可於下次會議提出討論。第八次會議議事組提出「成立國家人權機構研究規劃小組」草案，召集人吳敦義副總統決議「國家人權機構研究規劃小組幕僚工作由行政院指定部會擔任」，而行政院於2012年8月22日指定法務部擔任該小組幕僚工作。

　　而後法務部在未能增加人力的情況下，忙於國家人權初次報告的國際審查業務，一直到2013年3月13日簽請召集人吳副總統指定「國家人權機構研究規劃小組」成員，指派包括黃默委員在內的五位成員，2013年5月1日要召開第一次會議。我認爲馬英九總統要貫徹：「打造台灣有國際級的人權環境」的承諾，立法及行政部門勢必要更積極推動人權事務，同時建立法律及政策的人權影響評估，成立獨立的人權機構是一個重要的觀察指標，也是承諾的開始。

　　這篇紀實的文章記錄了國家人權報告撰寫的經過，爲了盡量還原事實，我整理了府人權委員會歷次的紀錄、各次審議的報告資料，及往來500多封的電子郵件。因爲沒有徵詢其他委員的意見及同意，除非已經有具名公開的文件，否則都只描述事件，不具人名。我不想談人權理論，也沒有企圖把台灣的歷程跟其他國家相較，這是一篇以我的角度參與式的觀察，有機會參加台灣第一次國家人權報告的撰寫，也有機會讓我回溯整理記憶，讓以後的人有事件的時間脈絡基礎去做回顧或詮釋。

　　文末我要特別感謝前召集人蕭萬長副總統，及曾經在一起努力（奮鬥）的府人權委員，還有法務部議事組的同仁。蕭副總統一直扮演推動人權事務，

協助馬總統完成任務的角色，在面對行政部會壓力時有所承擔，還在國際審議的擘劃上有所開創，沒有他的眞心支持，國家人權報告只會聊備一格、虛應故事，不會是專家〈結論性意見〉中的具有價值及建設性的人權報告，也不會有優於聯合國人權理事會審議的規格，更沒有促成成立國家人權機構的討論機會。

黃嵩立

　　《公民與政治權利國際公約》（下稱《公政公約》）及《經濟社會文化權利國際公約》（下稱《經社文公約》）（下合稱《兩公約》）初次國家報告國際審查於2013年2月底舉辦，雖然過程一波三折，但總體而言三天的審查過程算是順利完成，國際專家也於同年3月1日發表〈結論性意見與建議〉（下稱〈結論性意見〉），完成他們的使命。本文從公民社會的角度來觀察初次國家人權報告的撰寫和審查過程，希望能讓各界從這次國內人權運動的操演察覺到值得深思之處。至於國際審查對於個別權利的批判和建議，則不是本文所能處理。

壹、國家人權報告的撰寫

　　我國自2009年12月施行《兩公約施行法》以來，讓總統府人權保障小組的秘書處（法務部法制司人權科）全體動員的有兩件大事：一、2010年最重要的工作是負責推動《兩公約施行法》第8條的規定，彙整政府各部門和民間團體對法令的檢討意見並追蹤辦理；[1] 二、國家報告的撰寫和審查，則是2011年夏天開始到2013年3月的首要工作項目。

　　依據2011年4月12日「總統府人權諮詢委員會第三次委員會議結論」，[2] 在

---

* 本文原刊登於《台灣人權學刊》，第2卷第1期，2013年6月，頁123-131。

1　《兩公約施行法》第8條：「各級政府機關應依兩公約規定之內容，檢討所主管之法令及行政措施，有不符兩公約規定者，應於本法施行後二年內，完成法令之制（訂）定、修正或廢止及行政措施之改進。」
2　總統府人權諮詢委員會網站資料。http://www.president.gov.tw/Default.aspx?tabid=1421&itemid=27152&rmid=3798。最後瀏覽日期：2013/4。

當天議決國家人權報告的撰寫方式採取第二案，即參照聯合國之《國際人權條約締約國提交報告的形式和內容準則彙編》；而非先前（3月7日）「研商撰提2009-2011年國家人權報告相關事宜會議」所建議，依「一般報告」與「專題報告」之格式撰寫。這個決定是朝向遵循聯合國規範的重要一步。隨後在5月10日之「研商撰提2009-2011年國家人權報告相關事宜第二次會議」中決定，各權責機關應於5月31日前將完成之初稿內容送交議事組彙整。從2011年6月9日起至8月18日止，在法務部舉行國家報告初審及二審會議。總統府人權諮詢委員會（下稱府人權委員會）規劃之初審進行方式，「係由諮詢委員以及所推薦之學者、專家、民間團體人士共同審查各機關所撰寫的國家報告初稿，並由各機關實際撰寫報告者在場接受詢問，藉此方式調查我國人權現狀」。

在國家報告的撰寫過程中，政府各部門參與並不積極。法務部法制司名義上雖為府人權委員會之秘書處，但是行政層級與其他部會平行，在蒐集統整行政院各部會之資訊和意見時遭遇不少困難。此外，在初審階段，由於部分政府不瞭解《兩公約》內容及精神，頻頻為現狀辯護，對NGO的態度並非完全正面，輕者漠視NGO意見、認為雙方見解不同；嚴重者則毫不遲疑地表達對NGO的敵對意識。[3] 雖然數位府人權委員大力參與，讓初次國家報告初具規模，但或許因為官方報告並未採取「人權取向」，[4] 整體而言，國家報告充斥著數據與資料，看不出政府嘗試比較國內情況與國際人權標準之間的落差，更遑論在人權方面的反省或承諾。同時，因為事前已將各公約條文委請權責機關負責撰寫，因此對於需要跨部會協調的部分，就可能被忽略。另一個在撰寫

3　例如，環境法律人協會常務理事林三加律師針對中科三期計畫提出意見，環保署質疑「林律師所提意見，是只要回應該意見就好，或需納入國家人權報告中？因中科三期係屬個案，納入報告是否恰當？亦請考量。」可見官方對於民間意見多所保留。行政院環境保護署署長辦公室亦於2012年10月10日發表〈法律人化身政治人以美麗灣案構陷馬總統於無能論述的網附中——回應林三加律師的蘋果日報投書〉，表明其立場。見http://ivy5.epa.gov.tw/enews/fact_Newsdetail.asp?inputtime=1011010170948。

4　人權取向指human rights-based approach，請參考Office of the United Nations High Commissioner for Human Rights. 2006. Frequently Asked Questions on a Human Rights-Based Approach to Development Cooperation. In http://www.ohchr.org/Documents/Publications/FAQen.pdf，尤其是Annex II (pp. 35-37)。

過程中非常突兀的現象是，整個工作由府人權委員會主導，由秘書處負責，而使得行政院層級幾乎毫無參與；[5] 在後來的國際審查過程中，行政院層級亦缺席。[6] 由於國家人權政策的方向並非各部會所能置喙，而各單位又層層指派第一線公務人員來撰寫初稿，此過程幾乎已經排除了嚴肅檢視人權政策的可能性。例如，「原住民族自治法草案」是在行政院會議通過，由行政院院長拍板定案，我們如何期待原住民族委員會能夠在國家報告中審視該草案是否符合人權公約或《原住民族基本法》？又例如，國家整體經濟發展和國土利用規劃是總統和行政院院長主導的政策，環境保護署如何基於環境保護的立場加以批判？府人權委員會在資源受限的情況下，指導行政單位完成的國家報告可說內容豐富但反省不足；唯有成立獨立的國家人權機構，才可能以人權的視角撰寫國家報告。

貳、國際審查的籌備

在2012年4月國家報告定稿之前，NGO即積極督促政府比照聯合國人權公約條約機構的工作模式進行國際審查。2011年10月25日，民間團體代表邀請府人權委員會面，向他們傳達此一訴求。[7] 當天的討論重點集中在審查各階段之

5　以筆者參與之《經社文公約》第11條的初審會議為例，根據聯合國經濟社會文化權利委員會〈締約國根據《經濟、社會、文化權利國際公約》第16條和第17條提交條約專要文件的準則〉第43點(a)，我國需回答「締約國是否已採取一種全面融合經濟、社會、文化權利的國家反貧困行動計畫或戰略，是否已有具體機制和程序，監測計畫或戰略的實施情況，評定有效根治貧困方面取得的進展」。在會議中發現，在場的經濟部和經建會代表都認為他們沒有充分的立場來回覆，後來由主席裁示由經建會代表帶回請示行政院副院長陳冲。對於第43點，請見《經濟社會文化權利公約執行情形：簽約國根據公約第16條及第17條提交的初次報告》第202段至第204段，仍然沒有完整說明我國之行動計畫。筆者認為擬定「國家反貧困行動計畫或戰略」應屬行政院之權責，而非任何單一部會所能承擔。

6　2月25日至27日三天的國際審查過程中，第11屆行政人權保障推動小組成員僅蘇友辰律師一人親自出席。而根據2013年1月4日「行政院人權保障推動小組第21次委員會議紀錄」，該小組亦未就即將到來之國際審查有任何討論。

7　2011年10月25日，民間團體代表高涌誠律師（兩公約施行監督聯盟）、廖福特教授（台灣人權促進會副會長）、陳瑤華教授（台灣促進和平基金會理事）、本文筆者（台灣國際醫學聯盟秘書長）等，在台北律師公會與李念祖、李永然、陳惠馨、王幼玲等四位委員進行

模擬時程，以及設立獨立秘書處之必要性。四位諮詢委員肯定民間團體的建議，並允諾代為向其他委員傳達訊息。2012年1月，府人權委員會第七次委員會議決議，不成立獨立的國際審查秘書處，而是將秘書處設於法務部法制司，再成立「七人小組」協助秘書處進行國際審查工作；由於NGO對獨立秘書處的強力訴求，決定七人中三位由府人權委員產生，另外四位則為民間委員，由府人權委員推薦。[8] 與此同時，兩公約施行監督聯盟仍繼續遊說，希望將台灣的國家人權報告與審查制度予以常規化與法制化。3月27日多個NGO至總統府拜會府人權委員，表達下列訴求：建立優於聯合國的人權報告制度、短中長期人權機制、《兩公約施行法》第8條的法規檢討、公務人員的人權教育，以及持續推動其他人權公約之內國法化等議題。之所以能夠「優於聯合國」，是因為相較於聯合國審查，國際委員可以給予台灣較長的時間，同時由於地利之便，使台灣公民社會有更實質的參與機會。

　　國家人權報告定稿後，即開始國際審查之籌備工作；於2012年5月10日召開七人小組與秘書處第一次會議。[9] 當時籌備工作千頭萬緒，國家報告之英文版完成時間、審查工作時程、兩個公約合由一個委員會審查或兩個委員會分別審查、國際專家之名單與聘請、審查形式、審查時間與地點、經費來源、民間團體參與的方式等，都待確認。由於當時我國脫離聯合國四十年，政府對聯合國人權公約的審查程序不熟悉，況且又無法比照其他國家工作方式而必須自創一格。政府無意創造一個獨立的秘書處，而將「國際審查議事組」委由府人權委員的秘書處擔任；希望七人小組發揮諮詢與監督功能，協助議事組達到獨立

討論。

8　一開始推薦的名單是中華人權協會、兩公約施行監督聯盟、台北律師公會、台灣人權促進會，但台權會因抗議秘書處設於法務部有違中立原則而拒絕。同時，台權會也表達了下列顧慮：貴諮詢委員如何監督和指導？諮詢委員會如何運作？是共識決還是投票表決？諮詢委員的意見是否具有獨立性而不用受到政治力的干預？國際審查秘書處有多少經費資源可以運用？其他三個單位的代表分別是鄧衍森教授、本文筆者、顧立雄律師。後來另聘台灣大學法學院張文貞教授為委員，七人小組名單至3月下旬才確認。

9　全名為「公民與政治權利國際公約及經濟社會文化權利國際公約中華民國初次報告國際審查秘書處第一次會議」。

運作的目標。事後看來，七人小組的決策大半是以「比照聯合國標準」和增進參與爲原則，堪稱中立；除了經費支出項目受限於會計規則之外，並未受到行政系統干預。但七人小組和總統府之間沒有溝通管道，籌備末期，總統府遲遲不公布代表團名單時，七人小組雖然關切卻毫無著力點。

國家報告的英文版準時在9月底完成寄出給國際委員，倒是NGO有些許狀況，在某個程度上延後了國際專家提出「問題清單」的時間點，也壓縮了隨後政府回應和民間準備平行回應的時間。民間團體的狀況各不相同，有些團體從一開始就積極參與，例如兩公約施行監督聯盟經多次編輯會議，在2012年5月就已完成中文版影子報告，但是由於求好心切和資源不足，一直到11月初才完成《兩公約》影子報告的英文翻譯和編輯；《共同核心文件》影子報告直至12月中才完成翻譯編輯。另外有些團體則較晚開始撰寫影子報告；事實上有些NGO到審查前一週仍然忙著撰寫和翻譯。這個現象可能有多重因素，除了NGO資源不足外，也可能代表政府對於國際審查工作的宣導不力、部分團體對人權審查的效用沒有信心而不願投入，以及部分團體不習於根據公約條文撰寫報告。截至2013年1月底止，秘書處收到15份影子報告，共計數十個團體參與寫作。

籌辦期間亦多有波折，例如2012年11月因爲法務部向媒體披露執行死刑的意圖，[10] 人權團體尋求國際審查專家協助，兩個審查委員會召集人聯名寫信給馬總統與法務部曾勇夫部長，要求在國際審查前不要執行死刑。就在馬總統要求法務部與外交部「妥慎研處」之際，某外交部「知情官員」居然透過媒體指稱國際專家「干涉內政」，而誤導國人對國際人權標準的認知，並導致立法委員質詢時以此理由催促法務部執行。[11] 面對爭議，政府並未藉此機會解釋國際人權標準，亦未宣傳國際審查對人權推展的重要性。對政府此種做法，NGO

10　見項程鎮。2012。〈《現有61個死刑犯》秋決下波瞄準最惡者〉。《自由時報》2012/11/14。http://www.libertytimes.com.tw/2012/new/nov/14/today-so1.htm。

11　參見洪哲政。2012。〈2國際人士要求我凍結執行死刑否則……〉。《聯合晚報》2012/12/8；以及施曉光等。2012。〈明年2月前擬執行死刑〉。《自由時報》2012/12/20。http://www.libertytimes.com.tw/2012/new/dec/20/today-so3.htm。

一度討論抵制國際審查，並退出七人小組；實因牽涉的人權議題眾多，攸關許多人的福祉，才決定繼續推動。馬政府不但不願意說明國際審查的意義，亦從未有適當的宣傳，透露出總統府刻意低調處理的意圖，似乎害怕國人對人權審查有進一步的認知和期待；NGO則盡力宣揚國際審查的重要性。[12]

　　綜合這些訊息，事前各界不免懷疑政府面對國際審查將因為參與官員層級不夠高，無法回答政策面的問題。事後從國際專家的評語得知，他們基本上對於台灣主動安排審查，並且派出大陣仗的官員參與審查，表示肯定與嘉勉。[13]而《公政公約》與《經社文公約》場次各由法務部政務次長陳明堂和內政部常務次長林慈玲領軍，層級算是符合國際慣例。各部會也派出次長、司處長級官員出席，回答專家提問時堪稱認真，因此在形式上政府算是保住顏面。但是，陳次長一句：「我是政府代表，但不能代表政府。」道盡官場現實，應該為政策負責的總統府和行政院層級官員，完全缺席。甚且，在3月1日國際專家在法務部發表〈結論性意見〉並進行說明時，邀請專家來台的府人權委員會召集人吳副總統忙著接見「海峽兩岸商務發展基金會」張平沼董事長及董監事一行，顯示政府高層心中真正的優先順序。

　　相對而言，公民社會對國際審查的參與積極而主動。撰寫影子報告和平行回應的團體，將國內人權現況做了非常清楚的報告，也從過程中學習到如何運用國際人權文件，將本身的問題與訴求連結到《兩公約》和國內法律。各團體所整理的資料，實為當今人權議題的最佳紀錄。過程中新生代的參與和傑出表現，更令人振奮。在三天審查會議中，數十個NGO就其專長對諸多問題向國際專家提出說明，表現出公民社會的多樣、活潑與專業能力。在籌備過程中七人小組、秘書處、國際專家對於NGO的參與方式沒有完善溝通，實為美中不足。以下幾點值得參酌：

---

[12] 兩公約施行監督聯盟與民主進步黨籍立法委員尤美女、鄭麗君、陳節如，共同於2012年2月4日召開「人權報告國際審查政府回應品質堪慮」記者會，要求政府正視國家審查工作，並公布政府回應代表團及負責人。

[13] 一般狀況是派出政府代表團一行數十人至日內瓦或紐約，全權代表政府接受兩個人權委員會的審查，但由於台灣採取在地審查的形式，問題清單提到的相關部會各自派出代表，因此進入兩個會場的官員人數接近百人，在場外候命回答的官員另有數十人。

一、關於NGO與審查專家的互動時間，在七人小組第一次開會時，兩公約施行監督聯盟即建議「民間與政府有相等的時間與國際專家交換意見」，並建議規劃三個早上時間給公民社會，三個下午時間爲政府審查；其後NGO便在這個前提下進行規劃。然而國際專家並未正面回應這項重要的決議，在籌備過程中也未表示意見。直到審查前三週，當審查專家將暫訂議程給秘書處時，眾人才驚覺其落差。原本《公政公約》審查小組召集人Nowak教授建議依聯合國慣例，僅給NGO一小時時間。[14,15] 在隨後數天中，張文貞教授和本文筆者，以及受Nowak教授委託擔任NGO協調人的黃文雄先生密集討論，希望能說服國際專家突破聯合國做法的限制，對公民社會參與採取較開放的態度。[16] 最後，審查委員採納了部分建議，第一天早上和下午，以及第二天和第三天早上各有一小時的與NGO正式會談時間，第三天下午亦有一小時的非正式會談時間。雖然與原先規劃的九小時有落差，但公民團體也同意國際專家的意見，NGO能夠提供資訊及發揮互補角色，但無論如何政府才是要爲政策負責的。

二、兩公約施行監督聯盟在七人小組會議中提案（2012年11月22日），建議

14　國際專家所習慣的聯合國慣例，是在國家審查開始前僅有約一小時左右的時間給公民團體發言。但由於審查地點在日內瓦或紐約，所以能夠出席的民間團體爲數不多。

15　張文貞教授2013年2月3日寫給七人小組和秘書處的信，歸納了國際專家的議程規劃和原本期待之間的落差。「國際審查委員上週四所提出來的議程，除了星期一上午10點到12點這個時段給國會議員及NGO之外，就再沒有其他給NGO的時段了。雖然星期一傍晚5點到7點中間，有一個非正式會談，但這個時段並非所有委員都會出席。而雖然其中提到星期二及星期三的上午，由各委員會裁量決定可以有一小時給NGO，但因爲是裁量決定，也不一定會有。所以，在目前議程的設計上，NGO在這整個國際審查的會議中，就只有一個小時的正式會談時間。相對地，政府代表卻有星期一下午、星期二的上下午、星期三的上下午總共十五個小時的時間。這個差異，與我們原先所安排的時間分配，從1:1到15:1，差異不可說不大！」

16　張文貞教授2013年2月4日寫給七人小組的信，說明了民間團體的期待：「在維持目前議程的情況下，NGO在星期一上午跟立法委員共同share二小時，以及星期一傍晚有二小時的非正式會議。我們還希望：首先，希望委員會確保星期二及星期三上午能有一小時跟NGO會談。這是審查小組已經排出來的，但由小組召集人決定。我們希望兩個委員會都確實能在兩天的時間中安排這一小時與NGO會談。其次，希望委員會在星期三下午結束前，盡可能至少留一小時給NGO表示意見，好讓NGO對政府的回答有提出相關不同資訊或意見的機會。最後，是在政府審查場次中，我們希望委員會能盡可能允許事先登記發言的NGO能有發言的機會。當然，我們瞭解，是否及如何允許他們發言是由委員會決定。」

民間參與的方式可以分為指定發言（國際專家根據影子報告內容，挑選NGO進一步說明，此建議未獲回應）、登記發言（由民間團體事前申請，再由國際專家從中挑選）和現場發言，後來僅登記發言此一方式被使用。登記發言的團體數目眾多，國際專家表達不想排除任何人的發言機會，因此秘書處僅按照公約條文和議題清單的順序，大致以平均分配時間的方式安排發言機會。[17]

三、國際專家對於NGO的發言方式事先沒有太多規劃，而每天給秘書處的說法又不盡相同；秘書處臨時轉達給NGO，發生不少秩序上的小失誤。[18]在種種情況下，部分團體還是能夠有效傳達訊息，並且讓意見進入結論性觀察，誠屬難能可貴，更為議題取得獨特的施力點。尤其是身心障礙團體、原住民團體、性別權利團體、反迫遷團體、賦稅正義團體，在會場非常活躍，訴求也很清楚。部分國際專家對民間團體呈現的方式和策略有意見，但整體而言他們對台灣的公民社會留下正面的印象。三天審查最後呈現的風貌，是NGO、國際專家們和秘書處之間短暫而有限的溝通所產生的結果，可說亂中有序、瑕不掩瑜。

參、個人觀察與省思

NGO從國際審查得到什麼？雖然國際審查最具體的成果是國際專家所提的81點〈結論性意見〉，NGO後續也應積極監督政府落實這些意見。但是，

---

17 民間團體申請發言的「發言單」繳件日期至2013年2月5日下午截止，申請發言的團體，根據國際審查秘書處第12次會議紀錄，《公政公約》共收件64份，《經社文公約》共收件45份。

18 因為這是第一次有國家人權報告採取在地審查，國際專家似乎也在嘗試學習。例如，國際專家原本認為他們可以從申請發言的團體中挑選部分來發言，但實際上非常困難。由於登記者眾，國際專家轉而希望公民團體能夠自行協調，但因為沒有人被授權去協調眾多團體，而事前也未建立明確的協調機制，因此當場協商不易，僅限於同性質團體之間相互協調發言時間和內容（例如兩公約施行監督聯盟、身心障礙團體、移工團體，都有事先和現場協調）。

從影子報告撰寫過程中，NGO從不同的觀點觀察，將國內人權狀況做了清楚的描述；這些文件是瞭解台灣人權進展極具價值的資料。同時，國際專家多次表達，整個國際審查最重要的是建設性的對話；他們盼望這個對話不僅限於政府與專家之間，更應在政府與NGO之間建立持續的對話機制。這也是公民社會必須繼續努力之處。再者，這次的操練，也促使NGO熟讀《兩公約》和相關文件，並且學習以人權觀點檢視國內法律與政策，並提出具體建議，對NGO而言，是一次嚴格的訓練。此外，NGO的動員、分工與合作能力，也藉由審查而更加提升。

國際專家對台灣的人權保障機制和許多實質權利提出觀察與建議，其內容固然不是本文所能涵蓋，筆者僅指出一個根本的問題。這個問題被專家多次提及，但在場官員卻沒能妥當回應。這問題是，台灣政府對人權的態度究竟是什麼？例如，Philip Alston教授問道，我國《憲法》第十三章「基本國策」中所提到的諸項「福利」與「保障」，政府是否將之視為基本人權？Heisoo Shin教授問道，我國國民教育九年一貫課程的「七大領域」中，性別平等教育為何只著重性別認同，而與人權教育分開？在教育、投票、迫遷等議題上，委員們也不斷詢問，政府的措施是否體認到這是人民的「權利」？政府代表多半答非所問，恐怕是因為他們無法區別，重視某種福祉和把它視為權利之間，有何不同。效益主義的思考模式和權利取向有何差異？這恐怕是政府首先必須詳加研究的課題，其重要性凌駕於個別實質權利的討論之上。缺乏此一認知，政府終究無法理解NGO對權利的訴求，也不會有任何動力去執行人權公約。

《兩公約施行法》規定，我國法令及行政措施有不符《兩公約》者，應予修正、廢止或改進，足見人權公約在法律上的優先地位。但我國目前並沒有哪個單位有足夠的能力和經驗，來判斷哪些政策、法令如何違反公約條文。違反公約的法律（例如《集會遊行法》）持續適用，或者該有的法律不存在（例如《政黨法》）、不周延（例如《赦免法》）或不實踐（例如《原住民族基本法》），都是極嚴重的問題。從這個觀點看，立法、司法、行政各部門，若能利用審查機會，學習如何善用《兩公約》提升施政品質，對人權工作進展非常

有助益。國際專家是以聯合國人權文件爲本，來詮釋人權公約，因此政府應該認眞看待專家的解釋和評判。但若政府不予重視，執意自行摸索，以「望文生義」的方式詮釋人權公約，恐將違反《兩公約施行法》之意旨。國家報告的國際審查是重要的一步，但是三天審查只是起點，之後繼續監督政府落實〈結論性意見〉，其挑戰更爲艱鉅。看著政府在審查後繼續強拆華光社區、繼續堅持公投門檻、繼續延宕年金改革、繼續堅持執行死刑，但願這次審查所動員起來的能量，可以繼續發揮力道。

第四章　國家人權報告國際審查撮要

李念祖

　　國際專家團審查台灣政府實施國際人權公約狀況之初步報告，於2013年3月1日正式發布。對於台灣，乃至於國際人權之發展，此事都屬意義非凡。台灣因為政治因素不能加入《公民與政治權利國際公約》（下稱《公政公約》）及《經濟社會文化權利國際公約》（下稱《經社文公約》）（以下合稱《兩公約》），而主動將之納入國內法體系以求自我提升；又因為未能完成《兩公約》之存放而無法依照聯合國既有模式將國家人權報告交付國際審查，乃主動邀請包括現任及前任聯合國審查委員之兩組共10位專家來台從事專案審查。兩項創舉，都不容小覷。雖然來台主持審查的Manfred Nowak教授在完成審查後，高度肯定這兩項創舉，並且指出台灣的專案在地審查模式也許尚較聯合國於日內瓦為集中審查的模式，更勝一籌；但是在台灣，包括政府及民間社會，卻似乎對於此次國際審查的價值與可能帶來的深遠效應，普遍缺乏認識。

　　筆者廁身總統府人權諮詢委員會（下稱府人權委員會），得能參與相關之規劃事務，也見證了一段來之不易的過程。《台灣人權學刊》邀請任職於法務部、參與議事組工作用力最深也居功厥偉的郭銘禮檢察官撰寫分析審查之經過，同時也來約筆者以短文略述心得。由於此項審查報告指出了我國人權工作許多尚待努力的要徑，應是後續人權工作的重要起點，筆者僅選擇審查報告中10項關係重大的題目，略抒所見，希望有益於認識推動《兩公約》人權保障工作的不足及其改進之道。

---

*　本文原刊登於《台灣人權學刊》，第2卷第1期，2013年6月，頁133-140。

壹、成立國家人權委員會

　　審查報告對我國提出的第一個建議是，盡速依照聯合國大會1993年通過之《巴黎原則》成立獨立的國家人權委員會，於公民、政治、文化、經濟及社會各種權利廣泛執行諮詢、監督、調查等功能，並協助制定「促進人權之國家行動計畫」。審查報告指出，各國都是在現有的憲政架構中，另行依照《巴黎原則》創設國家人權委員會。言下之意，現有的憲政架構如何，並不能成為妨礙國家人權委員會成立的理由。這點確是我國現況的寫照。

　　我國目前之所以只在總統之下設立府人權委員會，作為一種任務型的諮詢委員會，而不是一個獨立的憲政機關，就是因為現行憲法架構之下，如何設立獨立的國家人權委員會，頗多憲政權限爭議之故。但是，暫時作為替代的府人權委員會，既無獨立的預算，也無獨立的法定職權，如不求改弦易轍，其在效果上恐與拒絕成立國家人權委員會無大區別。

　　國際審查專家顯然洞悉此中問題所在，除了建議應該設置獨立的國家人權委員會之外，特別提出應該訂立具體的時間表，並將依照《巴黎原則》設置獨立的國家人權委員會作為一個優先目標，剋期達成。

　　2012年府人權委員會也曾做成決議，研究如何依照《巴黎原則》以設置獨立的國家人權委員會列為工作項目。此事不但府人權委員會責無旁貸，更需要總統及擔任府人權委員會召集人之副總統協力推動，特別是在行政院、立法院與監察院等院之間形成共識，而且應該將工作時間表訂在府人權委員於2013年開始的第二個兩年任期之內，也就是在2015年之前形成具體結論並於立法院內推動相關的立法修法行動。用心推動《兩公約》，也已詳閱審查報告的馬總統實宜下定決心，努力在第二任總統任內推動完成國家人權委員會的設置，才是符合國際審查報告具體建議的適當做法；參加此次審查工作的紐約大學法學院孔傑榮教授即曾事後為文寫道：「如果能夠這樣做，馬總統會留下一個重要的

人權傳承。」（新加坡《南華早報》2013年3月29日專欄文章）[1]

貳、擬具國家人權行動計畫

　　同時值得注意的是，審查專家敦促我國效法聯合國所提出且已受到許多國家重視並加遵循的做法，草擬國家行動計畫（National Action Plan）。按照聯合國2002年出版的《國家人權行動計畫手冊》，[2]國家行動計畫應該先由政府廣泛且密集地進行民間社會及一般大眾諮商之後加以擬訂；所擬訂的行動計畫構成政府的承諾；應該有一個主政機關，具有足夠的公權力與資源，以便有效執行計畫；也可以同時建立一個非政府組織（NGO）的協調委員會，廣納政府代表及民間人士，參與擬定計畫。

　　由於此項行動計畫必然涉及立法及政府跨部門的有效合作、實踐、資源分配與監督，而且不該受到政黨輪替的影響，其實應該盡量設法取得朝野的共識。從當年立法院通過《兩公約》及《兩公約施行法》的過程並未引起政黨爭議來看，此事應該不是引起朝野鬥爭的話題，反而是驗證台灣仍然具備藍綠政治可以具有共識的絕佳題材。

　　國家人權行動計畫擬具之後，理想的主政機關，當然是國家人權委員會。我國在構思籌設國家人權委員會的同時，也該開始準備國家人權行動計畫的擬定以及具體時程及進程之規劃。

---

[1]　Yu-Jie Chen and Jerome A. Cohen. 2013. "Taiwan Quietly Forging Ahead in Human Rights Protection." *South China Morning Post*, 29 March 2013.

[2]　Office of United Nations High Commissioner for Human Rights. 2002. *Handbook on National Human Rights Plans of Action*, New York/Geneva: United Nations. In http://www.ohchr.org/Documents/Publications/training10en.pdf.

參、落實兩公約的施行與適用

　　審查專家們對於台灣主動引進《兩公約》成為國內法的積極態度頗為肯定，但是注意到了《兩公約》施行過程中，還有尚未落實的問題存在。審查報告正確地指出立法院制定了《兩公約施行法》之後，由於要求限期修改所有與《兩公約》相牴觸的法律、命令及政府措施，已使《兩公約》取得了憲法之下高於法律的規範位階。於此同時，審查專家強調兩項相關的情況同時存在，有待改進。一是《兩公約施行法》中（第8條）所訂應於2011年12月完成之法令修廢及行政措施之改進，迄未如期完成。二是審查專家觀察到「司法判決中，《兩公約》極少受到引述」。

　　第一個問題既是立法院的問題，也是行政部門的問題。立法院在自己通過的《兩公約施行法》中訂出二年修法時限，行政院方面確實在約一年半的期間提出相關法令之修法，立法院卻未能全數如期完成修法，此中涉及的是優先順序的問題。有修法職權的立法部門並未將之列為優先通過的修法議案，提案的行政部門，也未如此請求，自然就會延宕不決；立法院自己不能重視及遵守自訂期限的尷尬，長此以往，恐會繼續貽笑大方。

　　第二個問題則是司法的問題。審查專家說司法判決「極少」引述《兩公約》，還應該分從大法官與一般法院法官兩個方面來看。根據司法院的資料以及學者如張文貞教授的蒐集與統計，在《兩公約》成為國內法之後，除了有少數的幾位大法官會在所提的協同意見書中引述《兩公約》作為論證依據之外，大法官的解釋顯示出漠視《兩公約》的態度，與馬總統提倡《兩公約》的積極，適成對比。「不表支持」恐怕只是一種含蓄的說法。至於一般法院的法官，包括最高法院與最高行政法院在內，無論是在民刑訴訟或行政訴訟，兩年之間其實已有數以百計的裁判曾經引用《兩公約》規定。相對於大法官的表現，顯然更勝一籌。當然在每年數以十萬、百萬計的訴訟及非訟案件之中，此一數字仍然為數甚微。

　　對於司法如何加強認識《兩公約》的規範性並加以適用，審查專家提供了

具體的建議。專家們指出，《兩公約》中其實極多可以自動履行（self-executing）的條文，法院可以直接適用，反倒是行政部門對此認識不足，應該改變錯誤的觀念。專家也呼籲政府應該同時從立法及配置預算下手；更應該於司法體系中進行關於《兩公約》深入、密集且實用的培訓；他們還提醒法務部應該不斷在其網站更新法院援引《兩公約》條款的案例清單。凡此，都是具體而且可以劍及履及，付諸行動的建議。

肆、性別平等與零歧視與家庭權

此次的審查，專家們在與政府官員對話的過程中，敏銳地察覺到一項重要的認識誤會，特別將其記錄在審查報告之中，那就是台灣，甚至是在教科書中，普遍誤以為「性別認同」（sexual identity）專指「性傾向」（sexual orientation）而言。

此點所以重要，是因為「性別認同」屬於個人對於自身性別歸屬於男性或女性的自我心理認同，而「性傾向」則是指個人是異性戀、同性戀、雙性戀甚至無性戀的客觀性向表現。一個生理上是男人者可以自我認定是女人（性別認同），但卻是異性戀者（台灣社會則普遍稱之為同性戀）。此中最大的問題是，性別認同與社會主流不同者，以及性傾向與社會多數不同者，都可能是社會歧視或法律歧視的受害者。性別認同異於多數者，可能自幼即是學校霸凌的對象，所受到的歧視是性別認同的壓抑，或是性別認同不受尊重，也可能是來自於父權傳統所形成的性別歧視；性傾向異於多數者，受到的歧視則主要是異性戀對同性戀者的歧視。性別認同歧視的破除，一方面在於尊重個人（特別是跨性別者）對於性別認同的選擇；另一方面也在於破除父權傳統對於女性的歧視。性傾向歧視的破除，則在於將不同的性傾向都視為正常的社會現象。這兩者同時都是台灣應該修習的功課。

專家們提出了幾項重要的建議，一是盡速進行周延的立法，同時處理不同層面的性別平等問題，特別是遵照《消除對婦女一切形式歧視公約》

（CEDAW）規定推廣性別平等，致力於性別主流化與性別預算的實施，尤其應該從教育（包括採用合適的教材）入手，消弭教材中的恐同偏見，讓無論性別認同為何者都擁有平等的權利。專家們同時指出，法律上缺乏對於婚姻多樣性的認可，而只接納異性婚姻、不承認同性婚姻或同居關係，都是對於婚姻及家庭權利的歧視。《民法》中男性與女性最低結婚年齡的差異（男18歲、女16歲），則已違反了《兩公約》、CEDAW以及《兒童權利公約》，應該立即修法，將兩者均設定於18歲。又法律規定，孕婦需先徵求丈夫或其他家庭成員同意始得墮胎，也有限制孕婦自由意志的問題存在。關於家庭權的保護，專家們還提及了東南亞的「婚姻移民」所面臨的人權困境，台灣應設法避免其等因須先放棄國籍始能入籍，而陷入無國籍的窘迫，也該嚴禁婚姻仲介的居間剝削。

伍、最低工資與貧窮線

最低工資（minimum wages）與貧窮線（poverty gap）規定在《經社文公約》第7條與第11條。我國政府在初步報告中提到，目前的工資水準不足以讓工人及其家庭維持足夠的生活水準，也提到特定類型的勞動人口，如身心障礙者或庇護就業者之工資低於基本工資的問題。此節其實也涉及《憲法》上受益權乃至社會權議題中禁止給付不足的問題。專家們在報告中建議應依勞工及其家庭成員共同計算認定其工資水準，也應該將基本工資延伸適用於相關法令所不及的類型。

陸、死刑問題

在審查生命權的議題上，審查報告強調廢除死刑為國際趨勢，聯合國諸多決議都要求未廢除死刑的國家暫停執行死刑。基於《公政公約》第7條禁止殘忍的刑罰，死刑與此條不合，禁止死刑已逐漸構成一種國際習慣法，台灣政府

於其初次報告中已經肯認死刑是殘酷的刑罰，專家強烈建議台灣政府應努力廢除死刑，並應立即遵守聯合國決議，停止執行死刑。

審查報告指出，台灣過去三年執行10餘次死刑，都違反了《公政公約》關於執行死刑的相關程序與保護措施。因為被判死刑定讞者有權利尋求特赦或減刑，亦即至少應在相關程序決定完成之前停止執行死刑；專家們也指出像蘇建和案與在訴訟中已被監禁達二十三年之邱和順案，都有刑求自白的問題，絕不可以課加死刑，因此強烈建議此類案件之死刑裁判均應獲得減刑。

關於生命權的審查報告，專家針對死刑問題使用了兩次「強烈建議」（strongly recommend）的字眼，嚴重關切之情，溢於言表。

柒、司法的相關問題

審查報告使用了兩整頁、八段文字檢討我國在司法，包括司法行政上所面臨的嚴峻問題，為人權各領域之最。

首先專家們注意到我國政府已將監獄過於擁擠視為緊急問題，也提醒此中會帶來許多人權的隱憂，從健康標準打折扣，到無隱私權可言，到暴力威脅，都必然形成監獄環境有失人道、有辱人格的結局。專家提供的建議，除了採取有效減低因犯人數的措施之外，也應檢討審前保釋與假釋的程序、不合時宜的毒品政策。專家們特別指出，改善監獄醫療措施，改由衛生署（而非法務部）職司其事，是一條明路。而專家們也同時從人道的角度，呼籲政府應對陳前總統在服刑中嚴峻的健康問題，採取適當措施。

其次，專家們對於政府承認人身自由及人身保護制度並不及於收容於移民署的外國人或中國人，也就是大法官已於釋字第708號解釋宣告移民法令相關規定違憲的問題，其實亦已違反了《公政公約》第9條第4項的規定；專家指出相關法令中對於外國人與大陸人民在收容期限上的差別待遇，形成對於大陸人可能遭到無限期地收容，也該修改。審查報告的另一處，還提到了移工權利受

到侵犯與欠缺保護，足以引起違反國際人權標準的重大關切。此中包括驅逐出境的風險，以及伴隨而來的工資及勞動權利的剝削，甚至人身虐待、健康照顧的不足，都亟待改進。

此外，專家對於刑事訴訟審前羈押的理由、人數及期間長度都與《公政公約》第9條有所牴觸，提出質疑；也指出《刑事妥速審判法》的若干規定，包括刑事審判上限訂在八年，並不能符合《公政公約》第14條的規定。對於《刑事訴訟法》關於有罪判決的上訴，專家認為應該修法確保被告均能確實享有此項權利，並使之能於終審法院中獲得律師辯護的權利。這些規定的修改，都是司法院及法務部應該認真面對的習題。

捌、遷徙自由

或許有人以為遷徙自由在台灣已不再是個問題，但是專家們從政府的資料中看到一年之內可能有5萬人因為各種理由不能離境，其中有1萬8,000人是因為財務或欠稅問題的緣故，從而指出稅務機關的行政決策，已然嚴重違反《公政公約》第12條保障個人離開本國的人權，此種數字本身，即足以引起關切。

值得說明的是，欠稅與詐欺有別，如果不是故意逃稅觸犯刑章，欠稅不是失去遷徙自由的當然理由，限制自由也不該缺乏法院審查的程序。單純因欠稅而受剝奪失去自由，可使人聯想到欠債而失去自由的錯誤制度。專家因此在審查報告中建議立即修法，以改善行政機關可因欠稅而使如此眾多的國民失去遷徙自由的現象。

玖、隱私權

審查報告指出了隱私權受到政府威脅違反公約的諸種情形。其中一項是《刑法》規定通姦罪應該採取除罪化的措施，以免不必要地侵犯了《公政公

約》第16條、第17條所保障的私生活。

　　另一項問題則是政府監聽的統計數字，一年內竟有1萬7,000餘件監聽的申請，大多數都得到允准，顯然需要有力的司法監督系統發揮阻遏公權力濫用的功能。

拾、集會自由

　　專家指出，政府雖然已經認知《集會遊行法》第29條規定違反了《公政公約》的規定，有意推動將許可制改為報備制，但立法院卻未能通過修法的提案。專家強調，即使執法的政策已經明顯變得寬鬆，但仍然應該迅速修法。審查報告同時也鼓勵民間透過司法的程序，挑戰相關法條的合憲性。

拾壹、結語

　　專家的審查報告講明，他們無法藉之涵蓋所有的問題；本文也同樣受限於篇幅，無法涵蓋所有專家在審查報告中指出的問題。與過去相比，專家們雖然以為台灣追求人權的決心與努力值得稱道，但是我們應該知道並深切體會，人權保障的理想沒有止境。目前不符《兩公約》而應付改善的法令措施，其實所在多有，而且若干問題絕非輕微。國際審查報告的提出，只是從事改善行動，及在改善之後重提新的國家人權報告，以偵測並顯示改善成效的開始。無論政府與民間，都該深切瞭解，審查程序告一段落不是結束，反而是捲起袖子繼續致力人權工作的時刻到了！

張文貞

壹、前言

　　2009年3月31日，立法院以條約案方式通過《公民與政治權利國際公約》（*International Covenant on Civil and Political Rights*, ICCPR，下稱《公政公約》）及《經濟社會文化權利國際公約》（*International Covenant on Economic, Social and Cultural Rights*, ICESCR，下稱《經社文公約》）（以下合稱《兩公約》），並同時制定《兩公約施行法》。同年12月10日，《兩公約施行法》正式實施。2011年，總統府人權諮詢委員會（下稱府人權委員會）在法務部的協助下，著手撰寫初次國家報告，於10月24日公布報告初稿，開放各界提供意見。2012年5月，政府開始規劃邀請國際人權專家來台審查初次國家報告，對我國執行《兩公約》之相關情形提出建議。審查會議的籌備及進行，由府人權委員會的議事組——法務部——來擔任秘書處，並由府人權委員會委員及民間委員所組成的諮詢小組（下稱七人小組），協助相關工作的進行。[1]經過約十個月的籌備，2013年2月25日至27日，10位國際人權專家來台審查，並於同年3月1日做出長達17頁、總共有81點的〈結論性意見與建議〉（Concluding Observations and Recommendations，下稱〈結論性意見〉）。[2]

　　國際人權專家除了肯定台灣自1987年解嚴後在民主化及人權保障上的傲人成就，同時也指出許多亟需改進的人權侵害問題，如死刑、核廢料、原住民族

---

* 本文原刊登於《台灣人權學刊》，第2卷第1期，2013年6月，頁141-150。
1 筆者忝為此一諮詢小組中的民間委員。
2 關於初次國家報告及國際審查的詳細資訊，參見法務部「人權大步走」網站：http://www.humanrights.moj.gov.tw/np.asp?ctNode=33565&mp=200。

權利保障、居住正義、人身自由、移工及外籍配偶、媒體壟斷等，並建議了符合《兩公約》規範的改革方向與進程。不過，非常令人遺憾的是，在《兩公約》國際審查之後，政府一方面宣稱會積極落實國際人權專家所提出的審查結論，但另一方面卻以迅雷不及掩耳的速度，公然違反其中的具體建議。而許多立即且公然的違反，甚至是由這次擔任國際人權審查秘書處的法務部所為。

　　例如，國際人權專家在2013年3月1日所公布的〈結論性意見〉中，明白指出對政府強制驅離紹興或華光社區的居民表示關切，[3]法務部卻在3月14日行政院院會的報告上，指稱國際人權專家沒有深入瞭解台灣實況，原定拆遷仍繼續進行；行政院江宜樺院長甚至對外表示《兩公約》所保障的居住人權不適用於華光社區的居民。[4]一個星期之後，政府進入華光社區強制拆除部分房屋，引發了當地民眾以及聲援的人權及學生團體的抗爭，造成嚴重的警民衝突。

　　再如，國際人權專家在〈結論性意見〉第56點強烈建議台灣應該要廢除死刑，並遵守聯合國大會的決議，立即暫時停止死刑；同時也在第57點指出過去三年政府所執行的15位死刑犯，均未充分保障其請求赦免之權利，在他們的赦免請求未獲得任何回覆之前，就對他們予以執行死刑。國際人權專家的意見言猶在耳，法務部就在4月19日於北中南東各地對六位死囚予以執行。在國內及國際人權團體對法務部此舉提出強烈抗議之後，法務部檢察司於5月13日發出新聞稿辯解，主張「死刑是否執行」與「死刑存廢政策」為不同層面的議題。很顯然地，作為《兩公約》國際審查秘書處的法務部，一方面負責翻譯國際人權專家所提出的〈結論性意見〉；另方面卻並未真正重視這份意見，因而完全忽略其中第56點明白要求我國政府，應遵守聯合國大會決議暫時停止死刑。

　　法務部的這些作為，讓原本是台灣人權保障重要里程碑的《兩公約》國際審查，蒙上一層厚厚的陰影。事實上，法務部在首次《兩公約》國際審查中所

3　〈對中華民國（臺灣）政府落實國際人權公約初次報告之審查國際獨立專家通過的結論性意見與建議〉（下稱〈結論性意見〉），第47點。

4　徐亦甫。2013。〈違占戶沒居住權？閣揆好威？〉。《公視新聞議題中心》2013/3/19。http://webcache.googleusercontent.com。

扮演的秘書處定位，正是這次審查籌備及實踐的過程中，所面對的重大困局之一。

<h2>貳、困局：法務部作為秘書處的定位失當</h2>

《兩公約》締約國之國家報告的審查，是分別由人權事務委員會及經濟社會文化委員會來負責，審查所涉之相關資訊及行政安排的事項，則是由秘書處提供協助。以《公政公約》為例，第28條規定人權事務委員會之設置，第36條並規定聯合國秘書長應供給委員會必要之辦事人員及便利，俾得有效執行本公約所規定之職務。因此，《人權事務委員會議事規則》第23條即明定，人權事務委員會下設秘書處，由聯合國秘書長提供人員及設備。[5]秘書處的功能在於協助處理締約國所提交的種種議案，與締約國間之文件遞送，協助委員會草擬議題清單與〈結論性意見〉，並傳遞委員會之最後決定。秘書處扮演行政支援以及多方媒介的角色，在任務執行上必須維持中立與獨立。

因為台灣的《兩公約》國家報告，無法送交人權事務委員會及經濟社會文化委員會予以審查，在府人權委員會決定要邀請國際人權專家來台審查時，就面臨此一《兩公約》國際審查相關行政及事務安排的秘書處，該由何單位來負責的問題。深感秘書處之中立與獨立的重要性，由民間團體所組成的兩公約施行監督聯盟（下稱兩公盟），在2011年10月間公開呼籲，此一秘書處不能由政府機關來擔任，政府也不能介入秘書處的運作；兩公盟並建議由具有豐富經驗、獨立的國際人權團體，或由台北律師公會、大學院校之人權研究中心來擔任秘書處的角色。[6]2012年3月，兩公盟又再度拜會府人權委員會，強調

5　該條規定原文為：「1. The secretariat of the Committee and of such subsidiary bodies as may be established by the Committee (hereinafter referred to as "the secretariat") shall be provided by the Secretary-General. 2. The Secretary-General shall provide the necessary staff and facilities for the effective performance of the functions of the Committee under the Covenant.」

6　兩公約施行監督聯盟。2011。〈符合《兩公約施行法》第六條的國家人權報告制度應參照聯合國運作模式〉。http://covenants-watch.blogspot.com/。

《兩公約》國際審查秘書處不受政治力干擾的重要性，並建議政府為了《兩公約》國際審查的制度化，應該設立「一個外於政府且較具獨立性質的專責基金會」。[7]令人遺憾的是，基於各種考量及限制，府人權委員會仍決定由擔任其議事組的法務部來組成秘書處，負責首次《兩公約》國際審查對外與國際人權專家、對內與政府機關及民間團體聯繫及安排的各項行政工作。而為了減緩外界對法務部擔任秘書處有失中立及獨立的批評，並同時設置一個七人小組，由四位民間委員、三位府人權委員會委員來組成，協助秘書處相關工作的進行。

府人權委員會此一決定，如預期地受到民間團體的抨擊。畢竟身為府人權委員會議事組的法務部，在編制上屬於政府的一部分，負責《兩公約》國家報告撰寫之統整；而《兩公約》國際審查，正是要來審查其所負責統籌撰寫的國家報告，卻反而要其擔任此一審查行政支援的秘書處，毋寧是要下場打球的球員來做裁判的助手，角色之衝突、定位之不當，至為明顯。[8]

在《兩公約》國際審查籌備的初期，由於七人小組密集開會，法務部又充分尊重其決議，相關運作並未受到民間的太多質疑。[9]即使如此，因為法務部所掌理之檢察、矯正、司法保護、政風等相關業務，每每涉及人權侵犯的爭議；倘若法務部不能以《兩公約》人權為標準，坦承檢討相關措施，而一味掩飾或辯解，就很容易影響人民對其擔任《兩公約》國際審查秘書處之信任。而此一問題，在法務部的死刑執行上，最為明顯。2012年11月中旬，媒體報導法務部又將執行死刑，法務部雖發出新聞稿澄清，但也聲明將依法執行死刑，只是並無時間表。此聲明一出，引發國內外人權團體的高度關注。11月20日，國際人權專家共同決定以《公政公約》小組召集人Manfred Nowak及《經社文公約》小組召集人Eibe Riedel為名，致信法務部曾勇夫部長及馬英九總統，呼籲政府在2013年2月底國際人權專家來台審查國內死刑科處相關規定是否符合

7　兩公約施行監督聯盟。2012。〈兩公約施行監督聯盟拜會總統府人權諮詢委員會訴求建議書〉。http://covenants-watch.blogspot.com/。

8　兩公約施行監督聯盟。2012。〈人權報告國際審查制有譜、政府照樣侵犯人權：兩公約三周年檢討報告〉。http://covenants-watch.blogspot.com/。

9　同前註，頁12。

《兩公約》之前，暫時不要執行死刑。[10]令人遺憾的是，政府官員將馬英九總統指示法務部及外交部妥適處理此信函的公文，主動對媒體洩漏；[11]加上2012年12月初，台南發生一起很不幸的男童割喉命案，引發社會軒然大波；許多媒體將國際人權專家呼籲在國際審查前暫時停止死刑執行的信函，曲解為「外人干政」，甚至是「八國聯軍」。一時之間，國內反對《兩公約》國際審查的言論高漲，其中甚至包括監察院院長、執政黨的立法委員，以及其他媒體及政治上的意見領袖。[12]在各方壓力下，法務部在12月21日當天對六名死囚予以執行。

此舉不但立即引發國內外人權團體的強烈反彈，[13]也為國際人權專家是否仍有意願如期來台進行《兩公約》國際審查，產生了重大變數。法務部曾勇夫部長遂發表中文公開信，呼籲國際人權專家如期來台進行審查工作；此一信件由擔任《兩公約》國際審查秘書處的法務部官員翻譯成英文，在未知會府人權委員會或是七人小組的情形下，就直接寄給國際人權專家。國際人權專家經過共同、審慎的討論後，決定仍如期來台完成審查工作。不過，在2013年2月底的審查會上，國際人權專家正式而嚴肅地表明他們的立場，以及對台灣政府處理這整個事件的遺憾；[14]他們每一位都是因為期待台灣在人權保障上可以有更好的進展，才堅持完成這次的國際審查。

事實上，這些國際人權專家多是卸任或現任聯合國人權事務的相關委員，[15]他們受邀來台進行《兩公約》國際審查，並非完全沒有受到來自他們自

10　高涌誠。2012。〈馬總統請勿讓美事變鬧劇〉。《蘋果日報》2012/12/13。http://www.appledaily.com.tw/appledaily/article/forum/20121213。

11　Ettoday。2012。〈政治干司法？法務部：執行死刑要考量「國家利益」〉。2012/12/9。http://www.ettoday.net/news/20121209/137338.htm#ixzz2ThXWZ4Ev。

12　兩公約施行監督聯盟也為此向監察院院長提出抗議及陳情，參見兩公約施行監督。2012。〈勇夫非法殺人，監察院長還按「讚」！台灣憲政法治已被爛官敗壞〉。2012/12/27。http://covenants-watch.blogspot.com/。

13　高涌誠。2012。〈用依法執行掩蓋違法殺人〉。《蘋果日報》2012/12/25。http://www.appledaily.com.tw/appledaily/article/forum/20121225/。

14　廢除死刑推動聯盟曾根據審查會現場的口譯，將國際人權專家的聲明整理出來，刊載於《廢話電子報》，第28期。見http://www.taedp-org.tw/content/《廢話電子報》第28期。

15　審查委員的現職及經歷均公開於法務部「人權大步走」之《兩公約》國際審查專區，參

己的國家或其他國家的壓力，但他們因為對於人權保障理念無國界的堅持，而仍願意受邀、來台貢獻他們的一己之力。諷刺的是，因為法務部作為《兩公約》國際審查秘書處之不當定位，使得原本應該要充分協助他們來台審查的秘書處——法務部，反而成為他們是否能順利完成審查工作，以及審查結論是否能被遵行的最大變數。而從結果來看，法務部在《兩公約》國際審查前後的死刑執行，以及其他相關人權侵犯的行為，確實成為了首次《兩公約》國際審查的最大阻礙。

雖然擔任《兩公約》國際審查秘書處工作的是法務部法制司人權科的同仁，他們也確實非常盡心盡力地在協助整個《兩公約》國際審查的進行；但對外界而言，畢竟同隸屬於法務部。法務部一方面協助國際人權專家來台進行《兩公約》國際審查；另方面卻在《兩公約》國際審查的前後，以實際的人權侵犯行為，嚴重踐踏這些國際人權專家所做的〈結論性意見〉。這也難怪法務部在《兩公約》國際審查之後，召集各機關來商討對於〈結論性意見〉的分工與落實時，各機關配合檢討的意願，以及開會代表的官員層級都不高，畢竟第一個採取實際行動破壞國際人權專家所提相關建議及意見的就是法務部，其又有何立場要求其他機關來落實呢？

很顯然地，法務部作為《兩公約》國際審查秘書處的不當定位，如果不能立即改變，將來的後續追蹤，甚至是第二次以後的國際審查，也將面臨與首次《兩公約》國際審查同樣的困局，而註定失敗。

參、改革方向：獨立基金會作為秘書處

至於改革的方向，由政府捐資，設立一個獨立於政府部門之外的基金會，是唯一可行的方式。如前所述，在府人權委員會籌劃首次《兩公約》國際審查

見http://www.humanrights.moj.gov.tw/lp.asp?CtNode=33567&CtUnit=12394&BaseDSD=7&mp=200。

之時，民間團體就已經提出這樣的建議。可惜的是，當時政府一方面沒有這樣的資源與意願，另方面也對一次性的國際審查是否需要成立一個常設基金會來負責有所質疑。不過，在完成歷史性的《兩公約》國際審查之後，相信各方都同樣感受到有設置獨立基金會，來長期處理相關事宜的必要。

　　首先，是國際人權專家在〈結論性意見〉最後一點，已經明白表達對其所提相關意見有後續追蹤的必要；[16]在審查會中，這些國際人權專家也清楚提及他們樂意再度來台協助我們後續落實工作的意願。很顯然地，這第一次的《兩公約》國際審查，不會是一次性的。除了後續追蹤之外，根據《兩公約》的規定，締約國每四年要提出國家報告，接受公約委員會的審查；而公約實踐的結果，往往是讓締約國平均每兩年就會接受委員會的定期審查或追蹤審查。這樣的審查頻率，顯然不可能再交由行政機關以任務編組的方式爲之，而必須要有專責機構來負責。

　　其次，首次《兩公約》國際審查的籌備過程將近一年，在這個過程中，各方都清楚感受到政府及民間對於《兩公約》國際審查程序、審查方式及各種運作的資訊完全不足。在七人小組的建議及協助下，作爲《兩公約》國際審查秘書處的法務部，曾與在日內瓦的「公民與政治權利中心」（Center for Civil and Political Rights）透過網路視訊進行交流，理解《兩公約》國際審查相關程序；也邀請「國際法學家協會」（International Commission of Jurist）於2012年10月底來台，對政府機關及民間團體進行相關之培訓。[17]不過，在台灣長期隔絕於聯合國相關人權體系及其運作的情形下，這些短時間的培訓，成效非常有限。在《兩公約》國際審查結束後，許多政府官員及民間團體還是對相關程序欠缺瞭解。這也充分顯示出設置專責基金會來從事長期人權教育的必要性。

　　最後，也更重要的是，《兩公約》的國際審查不會是台灣接下來唯一需要面對的人權公約國際審查。在這次的〈結論性意見〉中，國際人權專家已經清

16　〈結論性意見〉，第81點。
17　兩公約施行監督聯盟。2012。〈人權公約NGO進階培訓：聯合國人權報告審查的另類突破〉。《苦勞網》2012/10/12。http://www.coolloud.org.tw/node/71072。

楚建議台灣必須向其他大多數國家一樣，積極落實核心人權公約；除了我們已經加入的《兩公約》及《消除對婦女一切形式歧視公約》（CEDAW）之外，還包括《消除一切形式種族歧視國際公約》、《兒童權利公約》、《保護所有移工及其家庭成員權利國際公約》、《身心障礙者權利公約》、《保護所有人免遭強迫失蹤公約》，以及《禁止酷刑公約》。[18]除了CEDAW國際審查已有專責機構外，在我們主動加入其他公約後，都會跟《兩公約》一樣面臨需要一個外於政府的獨立專責機構，來作為其國際審查的秘書處。也正是因為如此，政府應該及早未雨綢繆，以捐資方式成立一個可以處理所有人權國際審查的獨立基金會。

　　事實上，這樣的基金會早已存在，在CEDAW初次國家報告審查過程中，財團法人婦女權益促進發展基金會（下稱婦權基金會），就發揮了相當重要的功能。[19]婦權基金會初期由內政部循預算程序捐資3億元成立，希望藉由基金會的成立，開啟一扇民間與政府對話的窗口，並建構一個婦女資源與資訊交流的中心。婦權基金會設有董事會，董事長由行政院院長從部會首長、婦女團體代表與社會專業人士中聘任。此外，婦權基金會亦設有執行長，由衛生福利部社會及家庭署署長兼任，並設專職副執行長一名，以提升工作效率。基金會同時也設有監事會，掌理基金、存款之稽核、財務狀況之監督，以及決算表冊之查核事宜。如此之設計賦予基金會相當程度的自主運作空間，並有效率地辦理各種婦女權益事項之計畫、諮詢、活動以及國際參與。因為婦權基金會之半官方、半民間的定位，使其能成功與其他民間團體接軌，提供資源並廣納民間意見，並與政府機關互相分享經驗、有效溝通。在行政運作上，基金會擁有固定資金與專職人力，不受政府直接控制，擁有高度獨立性。由於基金會為常設單位，於專業累積與經驗傳承上，比短期內因任務編組必要而成立的單位，更具備適足且穩定的能力。

18　〈結論性意見〉，第11點。
19　婦女聯合網站。http://www.womenweb.org.tw/wrp.asp。最後瀏覽日期：2013/4/15。

　　必須予以說明的是，設立一個外於政府、專職人權公約國際審查的獨立基金會，與是否按照聯合國大會所通過之《巴黎原則》來成立國家人權委員會，並不相同。即使我們有獨立之國家人權委員會，來負責監督政府對於所有人權公約的落實；在面對國際審查時，仍必須有一個外於政府的獨立秘書處來協助國際審查的行政工作。畢竟國家人權委員會負責各項人權公約之國家報告的統籌，以及各項人權公約的內國落實，其成效也是公約國際審查的重點之一；為了澈底避免「指揮球員的教練，身兼裁判的助手」的弊端，成立獨立於政府之外的專責基金會，來負責所有人權公約的國際審查，已是勢在必行。而這個人權基金會的設置，可以參考目前婦權基金會的設立架構，由政府出資、自主運作，專職協助所有人權公約的國際審查，力求行政上之獨立、透明與專業；同時擔任政府與民間團體在國際人權理解、訓練及人才培育的溝通橋梁與管道，強化我國在內國落實人權公約的制度能力。

肆、結語：政府仍缺乏落實兩公約的決心

　　本文雖然將首次《兩公約》國際審查的困局，以及改革方向的提出，放在法務部作為秘書處的定位失當之上，但真正造成此一困局的關鍵，還是來自於兩個相關聯的制度性因素：首先是府人權委員會，作為一個非正式性的任務編組，對於國家人權報告的提出、審查及落實，並無法有效予以監督。其次，也是最為關鍵的是，從馬英九總統、到身兼府人權委員會召集人的吳敦義副總統、乃至原本是府人權委員而後成為閣揆的江宜樺院長，均未真正重視這歷史性的《兩公約》國際審查。

　　第一個制度性問題，反映在2012年底及2013年初，面對死刑執行、國際人權專家是否能順利來台審查等各項複雜問題，各界無不希望府人權委員會能密集開會，以做成相關決策。但府人權委員會不但未能積極回應外界需求，反而將所有決策權限下放當時已飽受外界批評的秘書處——法務部——來一肩扛

起。[20] 府人權委員會包含政府官員及民間人士在內的這18位委員，[21] 似乎完全忘記他們才是這次公約國際審查的主辦機關，所有國際人權專家的邀請，也是以府人權委員會召集人吳副總統之名所發出。然而，我們要如何來苛責這絕大多數是由民間人士以義務奉獻的方式出任的府人權委員會呢？這個問題的根本解決，也就有賴我們徹底實現國際人權專家在其〈結論性意見〉第8點及第9點所呼籲，必須盡快設置符合聯合國大會所通過之《巴黎原則》的「國家人權委員會」。

而此一「國家人權委員會」的設置，則端賴政府的決心，這也是本次公約國際審查困局的第二個關鍵性因素：包括總統、副總統及行政院院長在內的政治領導人物的漠視。這個對《兩公約》首次國際審查的漠視，從政府參與《兩公約》國際審查的代表團名單就可以看出。[22] 雖然在《兩公約》國際審查前，各界不斷呼籲應由行政院院長或副院長等政府高層組成代表團參與審查，但最後因為總統及副總統的漠視，加上2月中旬剛好進行政府改組，最後是由法務部曾勇夫部長作為名義上的代表團團長，實際上則是由多達數十人的各政府機關官員，分別在《公政公約》及《經社文公約》審查會場上，個別回應國際人權專家所提的各項問題。國際人權專家雖然很客氣地從我國政府代表團龐大人數，來稱許我國政府對此一審查的重視，但相信任何人只要實際參與審查會，或透過網路視訊來觀察審查會，都會看出各個政府機關對此一審查會的毫無頭緒與準備，而國際人權專家對此當然也是瞭然於心。而由法務部部長作為政府代表團的團長，也再一次暴露「球員兼裁判助手」的問題：秘書處是法務部，

---

20 秘書處設有七人諮詢小組，但此一諮詢小組亦是任務編組，雖然開會次數已經非常頻繁，但當《兩公約》國際審查即將開始、各項事務繁雜時，仍是無法密集開會。這也使得作為秘書處的法務部幾乎完全是在其原來行政系統的指揮下，來執行《兩公約》國際審查的行政工作，使其中立性及獨立性仍受質疑。

21 根據《總統府人權諮詢委員會設置要點》，府人權委員會置委員15人至21人，聘期兩年，為無給職。目前第二屆委員名單包括，召集人吳敦義副總統、副召集人民間人士柴松林，委員當中除行政、司法及監察院的副院長之外，其餘均為民間人士。

22 《兩公約》國際審查的政府代表團名單，均公開於法務部「人權大步走」之《兩公約》國際審查專區，參見http://www.humanrights.moj.gov.tw/lp.asp?CtNode=33567&CtUnit=12394&BaseDSD=7&mp=200。

受審查的政府代表也是法務部，法務部的官員又如何能不角色混淆？

　　很顯然地，要能真正突破這次《兩公約》國際審查的困局，還是有賴政府落實《兩公約》的決心。倘若政府只是口惠而實不至，相信包括國際社會、國內的民間團體均會集結更大的力量來要求政府，而政府也將必須被迫面對。對於一個已經民主化的台灣社會而言，人權保障的進程，絕對是掌握在人民的手裡。

姚孟昌

壹、序言

2009年3月31日，立法院審議通過《公民與政治權利國際公約》及《經濟社會文化權利國際公約》（下稱《兩公約》），並同時通過《公民與政治權利國際公約及經濟社會文化權利國際公約施行法》（下稱《兩公約施行法》）。2009年4月22日馬英九總統公布《兩公約施行法》，該施行法已於同年12月10日生效。馬英九總統並於2009年5月14日在台北賓館簽署《兩公約》之中、英文版批准書。當天除了立法、行政、司法三院院長及外交、法務部部長於現場見證外，外交部更邀請了各國駐台使節、立法委員以及部分非政府組織（NGO）代表出席觀禮，全場並有各國駐台媒體記者進行報導。各國咸認中華民國已有遵守並履行公約義務之責。即便民間部分團體對馬政府澈底執行《兩公約》的誠意與能力高度懷疑，[1]甚且當絕大多數的公務人員與國民對《兩公約》完全陌生，惟在法制上，兩人權公約已經成為中華民國國內法一部分。

《兩公約》批准迄2013年6月已近四年，期間由法務部擔任「人權大步走計畫」、「檢討相關行政措施與法令是否符合《兩公約》」的主政機關。並

---

* 本文原刊登於《台灣人權學刊》，第2卷第1期，2013年6月，頁151-159。

[1] 2009年5月14日批准當天，台北賓館外群聚多個民間團體在場抗議。包括「集遊惡法修法聯盟」、「綠黨」、「野草莓學運」、「民間真相與和解促進委員會」、「勞工陣線」、「台灣人權促進會」及「民間司改會」等團體，呼籲馬總統應以實際行動貫徹《兩公約》，才不致讓國際公約淪為華而不實的政策裝飾品。參考柯玉立。2009。〈馬英九簽國際人權公約 民間團體場外抗議〉。《大紀元》。http://www.epochtimes.com/b5/9/5/15/n2526933.htm。最後瀏覽日期：2013/4/2。

由該部法規會（現名法制司）擔任2010年12月10日成立之「總統府人權諮詢委員會」（下稱府人權委員會）之幕僚單位，協助政府各部會完成《2012年初次國家人權報告》撰寫與審查工作。筆者自2009年7月應法務部邀請，以學者身分參與「人權大步走計畫」，期間擔任2009年至2012年「人權大步走」人權課程講座、「2011年法令是否符合兩人權公約覆審會議」與「2011年國家人權報告撰寫與審查會議」出席者、「2012年協助編校《兩公約》一般性意見」等工作。親見法務部同仁以有限人力、物力，承上啓下、鍥而不捨地完成諸項工作。在各方壓力下，猶竭力創造令國內人權法制與國際接軌的管道，維持政府與民間對話的平台。有時還須在高層意向不明情形下，逐步地引導政府各部門理解並履行《兩公約》。筆者肯定法制司的工作，更要對參與推動《兩公約》之基層公務人員表達個人敬佩之意。筆者確信他們迄今完成的工作，已遠遠超過馬英九總統原先的期待。

惟筆者觀察中華民國推動與落實《兩公約》的過程後發現，由於主政者欠缺對於人權價值之深切體認、欠缺履行公約義務之決心與手段、欠缺對人權公約之整體規劃與施政步驟、欠缺妥善選拔執行人權業務者並給予持續性之養成教育與久任其職之安排等，造成公約之履行仍未符合有識者與國人之期待。筆者擔心《兩公約》本是依附馬總統個人光環而進入中華民國法律體系中，未來會不會因馬總統卸任而成爲具文。本文根據筆者參與「人權大步走計畫」與「國家人權報告撰寫歷程」之個人觀察寫成，除就教方家外，更期盼對國人監督政府落實《兩公約》之國家義務時有所助益。

貳、解析政府對公約的認知與心態

爲何中華民國政府要批准《兩公約》，並使其具有國內法律效力？爲何中華民國政府於遵行公約時，必須優先參照條約機構所頒布之一般性意見？當中華民國不被國際承認且批准書無法完成存放程序時，爲何政府仍須承擔公約要求之國際責任？《兩公約》對國人究竟有何意義？這是筆者推動「人權大步走

計畫」或參與政府部門相關會議時，不斷聽到的各方質疑。筆者也很好奇中華民國政府如何回應這些問題，因爲答案經常可以透露出政府心中的「人權」價值位序，以及其堅持人權原則的決心。

　　檢視《兩公約施行法》立法說明與馬總統的相關談話，中華民國基本上承認公約是一項普世性之文件、批准與執行該公約表彰中華民國認同且願意積極參與國際社會的意願、加入該公約有助於台灣國際地位的提升。[2] 2009年5月14日當天，總統於簽署批准書時表示：「今天的簽署，……要讓台灣成爲眞正在人權議題上與世界各國平起平坐的國家。……並向全世界宣示，台灣人權保障已與國際接軌同步。……希望台灣在人權保障上與全世界一樣，讓各國知道，台灣的存在與中華民國發展，是符合大家的利益。」[3] 馬總統相當自豪地表示：「就算聯合國不受理我們的存放，我們還是要嘗試，因爲這代表著一個失去聯合國代表權的國家，還願意遵守聯合國所主張、通過及所推動的人權保障公約，具有相當重要的意義。尤其這樣做之後，可以讓各國都知道，儘管中華民國沒有辦法正式地存放，但是我們願意受到公約的約束，這個宣示本身就具有重要的意義。」[4]

　　馬總統推動《兩公約》國內法化所表明之象徵意義不難理解；然而，國人乃至於公務人員卻無法從上述總統勸說中，清楚理解聯合國制定公約之理由，當然也無從進一步理解人權原則的絕對性與超越性。因此，筆者懷疑政府不過將國際人權公約當作一紙表彰人類共同之善（common good）的文件，對兩項人權公約之歷史意義與規範地位欠缺深切體認。

---

[2]　「爲提升我國之人權標準，促進人權發展，重新融入國際人權體系及拓展國際人權互助合作，自應順應世界人權之潮流，澈底實踐，進而提升國際地位」，引自《公民與政治權利國際公約及經濟社會文化權利國際公約施行法草案總說明》。http://www.humanrights.moj.gov.tw/public/Data/3318172248831.pdf。最後瀏覽日期：2013/4/2。

[3]　引自總統出席簽署《公民與政治權利國際公約》及《經濟社會文化權利國際公約》批准書典禮談話。http://www.president.gov.tw/Default.aspx?tabid=1300&itemid=22973&rmid=3570。最後瀏覽日期：2013/4/2。

[4]　引自總統出席《公民與政治權利國際公約》及《經濟社會文化權利國際公約》種子培訓營開幕式談話。http://www.president.gov.tw/Default.aspx?tabid=1300&itemid=22979&rmid=3570。最後瀏覽日期：2013/4/2。

　　國際人權保障制度之建立，乃源於國際社會對納粹殘酷暴行，以及國內法制在阻止國家機關對其人民施暴時之全然無力的深刻反省。誠如《聯合國憲章》前言載明，聯合國存立基礎乃在於全體人類同感兩次戰禍之慘痛教訓後，決心重申基本人權、人格尊嚴與價值，以及男女與大小各國平等權利之信念，願意同心協力堅持不懈地建立正義秩序，以確保世界各國遵守國際法義務。而《世界人權宣言》序言可總結為以下原則：「對人類家庭所有成員的固有尊嚴及其平等的和不移的權利的承認，乃是世界自由、正義與和平的基礎。為防止對人權的蔑視輕忽與野蠻暴行，並促成無所匱乏免於恐懼之自由社會的實現，須立法保障人權並促進各國間友好關係的發展，各國共同承認《世界人權宣言》為所有人民和所有國家努力實現的共同標準，並誓願確保其普遍和有效的承認和遵行。」因此，《兩公約》締約國必須承認個人基本自由與人性尊嚴之超越性與絕對性，承認其乃人類社會的基礎。且能深刻地從反省歷史教訓後，覺悟任何一個國家不願承認並遵守此普遍性原則時，勢必危及國際秩序與和平。因此，為防止戰禍再起，各國須以法制確保上述原則之實現，且透過聯合國全體力量促使憲章與宣言得以為各國遵守。故人權公約相較於其他條約，其內容因涉及個人權利之特殊性、絕對性與超越性，其效力自然優先於其他公約規定。[5]

　　中華民國曾是世界上執行戒嚴最久的國家，《憲法》人權保障規定在威權統治下有如具文，根本無法發揮遏止政府的法律暴行效果。國際人權公約的簽訂與國際監督的引進，正是防止自由民主憲政倒退的防禦機制，也是解嚴後政府從事轉型正義的應有作為。惟國人對《兩公約》之歷史意義體認不深，當局也不欲深究，造成吾等對兩項人權公約只有淺碟般認知。

　　其次，兩人權公約異於其他公約之處，在於當發生國家繼承與主權移轉變易之際，公約義務不可終止。若人民已取得《兩公約》之人權保障，此一保障持續歸人民所有，不論締約國政府是否更迭或國家興滅。《公民與政治權利國

---

[5]　例如禁止奴役、禁止酷刑、禁止殘害人群與滅絕種族、禁止種族隔離、尊重人民自決權利與遵守人權保障與國家平等原則，均具有所謂強行規律（jus cogens）性質。

際公約》中沒有終止公約的任何規定，也沒有關於允許締約國廢止或退出的規定。可以合理地理解，一旦締約國簽署公約，其意志即須受公約規範約束。因而公約相對於國家立法自有其優位性。

　　根據筆者觀察下，中華民國政府雖已將公約內國法化，卻仍忽略公約規範效力的優先性，仍將《兩公約》視為一般規範或是所謂之道德原則看待。無怪乎，中華民國政府執行《兩公約》的過程中，對死刑政策首鼠兩端，態度搖擺；對於追究濫施酷刑者個人責任時，未能堅持究責到底；對於特殊性傾向者之權利保障則有所保留；對於監獄受刑人或因案被羈押者之人權保障，則多所推拖；對於原住民之自決權、文化權與語言權利保障空洞化；更甚者為對符合《巴黎原則》之「國家人權機構」毫無進展。呈現的是政府只將簽署公約當作一項國際公關活動，對公約所載之國家義務履行過於表象化。因此，政府履行公約的義務與步驟可以因部分民意反對、政策選擇、公務員的認知欠缺而變易，甚至對於「公約」與「一般性意見」明確要求置若罔聞、指鹿為馬。[6]無怪乎〈國際獨立專家團審查台灣政府實施國際人權公約狀況之初步報告總結觀察與建議〉第19點提醒，現行人權教育課程，尚未充分關注《世界人權宣言》揭櫫之人權價值與原則。[7]深究其故，乃因執政者未能對於兩項人權公約的歷史意義與法律地位有深刻的體認。

---

[6] 審查國家人權報告初稿期間，筆者曾根據《聯合國為各國提交人權報告而頒布之撰寫準則》請教矯正單位，每位受刑人在監居住空間多少？矯正單位明確回答約0.59坪，與國際標準相距不遠。筆者再次請教國際標準為何？矯正主管機關與法務部答稱不知。筆者提出國際紅十字會審查戰犯監獄的標準為4至6平方公尺時，他們答那真的是相去不遠，因此結論是無違反公約之處。此等反應，筆者只能無言以對。2012年8月26日，法務部公布之《陳前總統在監處遇報告》甚至陳明，監獄受刑人經常享有的居住空間為0.389坪，報告照片更顯示18至20人同居於6.37坪之舍房。按照國際人權標準，此已形同違反《公政公約》第10條，甚至是第7條，惟法務部仍不以為意，坦然公告。政府這種不畏人言的態度，令筆者十分不解，完全無法置評。http://www.moj.gov.tw/public/Data/282912270360.pdf。最後瀏覽日期：2013/4/2。

[7] http://www.humanrights.moj.gov.tw/public/Attachment/341611295471.pdf。最後瀏覽日期：2013/4/12。

參、欠缺落實公約的手段與決心

　　早在立法院審議通過《兩公約》批准案前，2009年2月11日馬總統已指示：「政府並未對個別條款提出保留；且未來《兩公約》即便無法完成存放程序，亦宜有明確之證明紀錄，俾便在國內啓動下一步實施施行法之步驟，且須明確向國際社會承諾遵守兩人權公約之規定，並以此爲基礎，處理與其他國家之關係。且要求政府須於《兩公約》生效前，完成相關落實與配套措施之準備工作。包括：預備全面檢討現行法令並積極將不符《兩公約》規定的法規及行政措施，完成制定、修正、廢止或改進等前置作業；加快腳步推動普及人權教育。宣導對象首重政府各級公務人員，再擴及學校、軍隊、警察機關等公權力行使機關，並請地方政府共同推動。」[8]上述訓示中，總統明確要求爲達成令公約規定可以全面遵守的目標，至少政府應完成法令全面檢討、普及人權教育、針對特定群體給以常態性、專門性與持續性之人權教育講習，且應協調地方政府配合辦理。若單單檢討政府對總統訓示的執行達成率，恐怕會令中華民國政府中之有識者汗顏。

　　事實上，人權公約的國家義務履行，絕非憑藉總統的個人期待與善意就可達成。人權公約不但是國家實行法治與善政（good governance）的基礎，更是考驗政治人物領導統御能力的試金石。惟根據筆者個人觀察，《兩公約》推動過程的困境與馬政府許多政策遭致瓶頸相仿，皆因空有願景目標卻無逐步逐項依次完成的步驟，更無有效追蹤管考與維持公務紀律之手段。因此，該訓示頒布後四年多來，各機關就主管法令及行政措施是否符合《兩公約》規定之檢討，仍是相當保守有限，法令修改也呈牛步化。即便2011年底在法務部召開之因應未能如期完成修定之法令的處理會議中，主席裁示：「（應）通函各機關盡可能依據公約精神，謹愼放寬對違反公約之法令的執行。」然而，各級政府往往消極以對，甚至是依然故我。以《集會遊行法》爲例，執法機關對於和平

8　參考法務部編。2009。《人權大步走計畫──落實《公民與政治權利國際公約》及《經濟社會文化權利國際公約》種子培訓營總論講義》，頁2-4。

集會群眾濫行移送起訴者甚多，對於府人權委員會與行政院人權保障推動小組之決議視如未見。[9]審查人權報告會議歷程中，筆者親見公務人員消極怠惰，罔顧公約規定與公務紀律之例，不勝枚舉，府人權委員會對此則束手無策。

其次，以數量計，各級公務人員完成《兩公約》之初階人權教育者，比例仍低。法務部雖已經開設到中階課程，但普及率未達中央機關全體公務員人數之5%。至於地方政府推動人權公約教育也欠缺明確數據。以質而論，課程進行、講義編撰與《聯合國國家人權教育行動計畫準則》或《世界人權教育方案第二階段（2010-2014）：高等教育中的人權教育和公務員、執法人員和軍人的人權培訓行動計畫》要求之內容，尚有落差。在本文寫作之時，除法務部法制司之「人權大步走計畫」尚規劃階段性課程外，總統訓示中提及之文官學院、人事總處之公務人力發展中心或國家教育研究院等，迄今尚未有類似針對性、進階性與合乎聯合國標準之課程。故「國際獨立專家團」在其〈結論性意見與建議〉中指出，應為特定職業團體設計培訓，如為律師、警官、獄政人員提供訓練；應定期評估前述培訓之適當性與效力；培訓應質量並重，且應教導社會大眾消除各種造成歧視之負面刻板印象。

肆、欠缺履行人權公約之整體政策規劃與協調執行

筆者參與中華民國提交初次國家人權報告撰寫會議過程中，發現報告呈現內容瑣碎割裂、欠缺重心與整體性，甚至相互矛盾之處甚多。原先以為是撰寫

---

[9]　2011年11月下旬，法務部會議議決後，內政部警政署表示他們已經立即研擬警察機關因應《兩公約施行法》施行，辦理集會、遊行案件應行注意事項，於2011年11月22日通函各警察局，要求辦理集會、遊行案件，依《公政公約》第21條揭示之精神，使警察機關辦理集會案件更具彈性，民眾集會權利更具保障。次月16日與23日發生花蓮豐濱鄉原住民在石梯坪抗議被警察驅離。事後抗議民眾接獲花蓮鳳林分局要求到案說明違者移送之公文。12月27日當天在法務部會議上，內政部次長與警政署副署長均稱不知有此通函。當天會議兩位內政部首長允諾將深入調查並會對失職人員進行懲處。警政署將製作人權案例教材，轉發各警察機關加強宣導，落實人權教育，以保障人民集會遊行之自由與權利。所有處理經過將會另向會議委員報告。筆者為12月27日當天會議出席委員，至2013年6月止，尚未接到內政部任何說明，也未見行政院人權保障推動小組或府人權委員會有任何管考。

層級不高，以致內容多充斥科員級的業務報告，但筆者很快便明瞭，這是因爲部會間欠缺橫向聯繫與協調所致，此與近年來上位者施政欠缺整體與永續規劃有關。舉凡涉及居住正義、土地正義、處理非正式就業者之工作保障與稅賦徵收、教育政策、文化參與權利等議題時，都會發現同樣問題。

以筆者參與審查《經社文公約》第11條之糧食權之人權報告初稿爲例，〈撰寫準則〉要求中華民國政府應說明糧食自給率，及如何避免人民取得糧食權利受到市場價格波動影響。農委會官員僅說明本國稻米自給率約可過半，然而當筆者再行詢問其他大宗物資如黃豆、玉米與小麥時，則得到自給率不到10%的答案。再進一步詢問政府如何提高自給率與制定糧食平準政策，以符合公約要求時，官員即無法回答。因爲負責撰寫官員層級過低，自然欠缺足夠政策資訊與決策權力以代替當政者回應聯合國詢問。糧食權涉及糧食生產、運輸、倉儲、行銷等總體政策，其糧食平準控制又與國家能源補貼政策、維持公平交易之政策相關，自需經由擁有決策權力者進行跨部會之整合後，才可回應。然而，政府高層仍然消極以對。

再以健保卡鎖卡爲例，雖說大法官會議早在1999年1月29日已於釋字第472號要求政府：「對於無力繳納保費者，國家應給予適當之救助，不得逕行拒絕給付，以符憲法推行全民健康保險，保障老弱殘廢、無力生活人民之旨趣。」然而，在人權報告初稿撰寫審查會議之初，衛生署報告尙有超過20萬人的健保卡仍在鎖卡狀態，被排除於健保服務之外。在2011年7月人權報告初稿審查會議中，筆者對於政府承諾絕不會以人民未繳費爲由，而拒絕提供醫療照護基本給付的報告印象深刻，然而筆者也提醒國民健保局應立即協調戶政與警政機關，盡快通知被鎖卡民眾已可以安心就醫。惟令筆者心痛的是，2011年11月18日，也就是法務部舉辦國家人權報告初稿公聽會當天，《自由時報》頭條：「健保被鎖卡，死胎沖馬桶／女血崩死家中，腹中還有一胎」，筆者擔心之事終究成眞。[10] 政府官員當天雖即說明死者健保卡並未被鎖卡，惟筆者質疑死者

---

[10] http://tw.news.yahoo.com/%E5%81%A5%E4%BF%9D%E8%A2%AB%E9%8E%96%E

與其同居人是否知道政府的美意？這樣的高風險家庭，他們究竟能從政府的承諾中得到多少實際幫助？政府又將如何避免類似悲劇再度發生？這些均未見政府有所說明。

　　事實上，國家批准兩人權公約後的首要義務，應逐步根據公約精神、宗旨、目的與規範內涵來修正各項施政方針與法令，並積極調整政策與政府組織。此正是《兩公約施行法》第6條與第8條所要求政府確實遵守之事。中華民國政府對此仍須更加努力。

伍、執行人權政策者是否為五日京兆？

　　在參與審查國家人權報告撰寫與審查過程中，筆者常問：府人權委員會在推動《兩公約》的過程中究竟扮演什麼功能？翻開委員會成員名單，副總統與行政院、司法院、監察院的副院長赫然在列。他們理應協調各部會與督促各級政府確實執行《兩公約》。可惜在筆者參與的工作會議中，僅見監察院副院長出席兩次會議，因此無從判斷他們能否對參與人權工作之各級公務人員造成實質影響。

　　至本文寫作時，中華民國尚未有依照《巴黎原則》建立國家人權機構的具體規劃。各級政府的人權保障小組仍以任務編組方式組成，欠缺專責人員與獨立預算編列來推動業務。以支援初次國家人權報告編撰、審查與後續管考工作之法務部法制司為例，他們僅能調撥五名左右官員與約略同數之約聘人員擔任幕僚工作。筆者親見其工作之重、壓力之大，人員損耗極快。而各部會撰寫人權報告的官員多為臨時指派，他們既不熟悉人權公約規定，不少人也欠缺執行人權政策的熱情與使命感。他們往往將《兩公約》當作某專案看待，會開完就

5%8D%A1-%E6%AD%BB%E8%83%8E%E6%B2%96%E9%A6%AC%E6%A1%B6-%E5%A5%B3%E8%A1%80%E5%B4%A9%E6%AD%BB%E5%AE%B6%E4%B8%AD-%E8%85%B9%E4%B8%AD%E9%82%84%E6%9C%89-%E8%83%8E-203452736.html。最後瀏覽日期：2013/4/2。

算完成任務，下次也不會由他執行，因此欠缺學習動機與使命感，其長官也不會對其表現有何鼓勵與鞭策。中華民國政府迄今尚無選拔執行人權業務的專責人員，並給予持續性養成教育與久任其職之規劃，讓我對於政府有效落實與履行《兩公約》的承諾深表擔憂。

陸、結語

《兩公約》為台灣民間社會帶來新民權運動，為台灣帶來改變的契機。公約要求政府必須啓動人權建設工程，也要求人民應參與。無論對人民與官員，這都是一場集體與個人的學習歷程。最後，筆者謹以墨西哥裔美國勞工運動者凱薩‧查維斯（Cesar Chavez）的話語與所有愛好人權的同道共勉：「一旦社會開始改變，就無法逆轉。你無法讓一個已經學會閱讀的人變得無知。你無法羞辱一個有自尊的人。你無法壓迫一個不再害怕的人。我們已經看到未來，而這個未來是我們的。」[11]

---

[11] "Once social change begins, it cannot be reversed. You cannot uneducate the person who has learned to read. You cannot humiliate the person who feels pride. You cannot oppress the people who are not afraid anymore. We have seen the future, and the future is ours."

第(七)章　對台灣人權報告國際審查的一些觀察*

陳玉潔

我國於2013年3月1日結束《公民與政治權利國際公約》（下稱《公政公約》）及《經濟社會文化權利國際公約》（下稱《經社文公約》）（下合稱《兩公約》）初次報告的國際審查會議，10位國際人權專家受邀來台評估我國政府是否切實履行《兩公約》之義務。此審查會議為台灣首度針對《兩公約》所涵蓋的廣泛議題，進行系統性的國際審查，不僅為未來人權審查建立了一個值得參照的模式，此「在地審查」也有別於聯合國人權條約的審查方式，對國際人權法學界和實務界亦有啟發意義。筆者於本文提出對此次審查會議的一些親身觀察，介紹台灣審查模式的特點，並在文末提出幾個審查後值得思考的問題。

我國於1971年退出聯合國後，始終被國際政府組織拒於門外。雖然長期被孤立於國際人權體系外，我國仍在2007年批准了《消除對婦女一切形式歧視公約》，2009年更進一步批准了聯合國人權公約中最為核心的《兩公約》。雖然台灣無法向聯合國存放公約批准書，但為落實《兩公約》，立法院通過了《公民與政治權利國際公約及經濟社會文化權利國際公約施行法》（下稱《兩公約施行法》），將《兩公約》保障人權之規定納入國內法體系。此外，政府也表示《兩公約》的位階高於一般法律，僅次於《憲法》。因此，當國內法律牴觸公約時，人民可立即主張公約所保障的權利，要求法院和行政機關優先適用公約規定，而無需等待牴觸《兩公約》的現行法規修正。

---

* 本文改編自筆者與孔傑榮（Jerome A. Cohen）合著之〈創新國際人權的台灣經驗〉，載於2013年3月30日《中國時報》言論新聞。原刊登於《台灣人權學刊》，第2卷第1期，2013年6月，頁161-165。

在聯合國體系中，國家於批准人權條約後，應向負責監督締約國執行情況的各委員會（下稱人權條約機構）提交初次報告，說明其為實現公約權利所採取的措施、執行進度及遇到之困難，之後並應提交定期報告，持續接受人權條約機構之監督與協助。由於我國無法將《兩公約》之報告提交給聯合國人權條約機構審查，《兩公約施行法》因此要求政府依照公約規定，建立人權報告制度。據此，總統府人權諮詢委員會（下稱府人權委員會）在諮詢國內非政府組織（下稱NGO）後，設計出一套創新的獨立審查程序，某些方面與聯合國人權公約的審查程序類似，但又有一些突破之處。

首先，府人權委員會邀請10位國際人權專家組成委員會審查國家人權報告，不僅許多委員就聯合國人權條約審查富有經驗，政府也提高來自亞洲區域專家的比例，包括五名來自日本、南韓、菲律賓、馬來西亞及巴基斯坦的人權專家；此外，向來關注台灣人權法治發展的孔傑榮教授也在名單之列。因為無法參與聯合國人權條約機構，台灣反而能針對自己國家區域特性挑選適任的審查委員，使審查內容更加深入。此外，受邀的委員們學養俱佳，在國際人權界廣受敬重，在這次審查中亦始終保持獨立、客觀、公正的態度。

審查委員們組成兩個委員會，各有五位委員分別審查《公政公約》及《經社文公約》報告。審查程序大致遵循聯合國相關規範：審查前數月，政府向審查委員們提交《兩公約》的國家人權報告。許多NGO亦準備「影子報告」，針對政府報告提出指正、澄清或提供其他資訊。審查會議召開前，審查委員們針對重要議題提出「問題清單」，政府機關隨後予以書面答覆。經過數個月的文件交換後，審查會議於2月25日在台北舉行，為期三天。兩個委員會根據公約逐條審查政府的執行情況，除了和政府代表交換意見外，也聽取了NGO的簡報。第四天，審查委員進行不公開評議，最後在3月1日發布了一份詳盡的〈結論性意見與建議〉（下稱〈結論性意見〉），對台灣執行《兩公約》的情況提出批評和建議。

這個過程最為特別之處在於審查會議在台北舉行，而非聯合國人權條約機構所在地的日內瓦。與聯合國審查相比，台灣「在地審查」模式提高了政府和

NGO的參與程度。在聯合國體系中，許多締約國派往參與人權條約審查的代表有限，且多為外交官員，這些官方代表不見得熟悉各政府部門的政策執行情況。相較之下，台灣的「在地審查」使大批官員能出席審查會議，這些代表來自各政府部會，對於委員們的提問多能掌握並即時提供資訊，而委員們也因此能夠深入問題核心。事實上，審查前撰擬國家人權報告的制度，已經啓動政府對《兩公約》的學習內化過程，審查會議同樣具有教育功能，可提升政府官員對其職掌業務範圍的人權意識，此教育功能應可隨著政府參與程度的提高而得到強化。

　　在NGO參與方面，原先審查會議的規劃是希望給予NGO和政府機關相同的對話時間。但審查委員們認為，國家人權報告審查程序應著重在審查委員們與政府機關的對話，因此最後未給予NGO相同的時間。但為了擴大公民社會的參與，審查委員仍在每天審查會議開始前聽取NGO的簡報，盡量讓想發言的組織都有機會呈現自己的議題。一般而言，在聯合國程序中，NGO的參與因一些締約國的阻撓受到許多限制，能夠與審查委員們交流的時間少之又少。相較之下，台灣公民組織在這次審查中扮演相當重要的角色，不但在審查前以「影子報告」提供審查委員們詳盡的資訊，在審查會議中也積極把握機會向委員們遊說。此外，許多原本可能因資源不足無法前往日內瓦的民間團體，也因「在地審查」能夠與會。雖然是第一次參與國際審查，台灣民間組織卻展現了對議題的熟悉程度以及組織能力，許多委員因此留下深刻的印象。

　　或許有人會預期，跟遠在日內瓦的審查相較，「在地審查」應會吸引更多當地媒體關注。事實上，聯合國人權條約審查其中一項為人詬病的缺點，就是缺乏一般大眾的關注和參與。可惜的是，即便在審查會議和〈結論性意見〉討論到的一些議題曾在國內引發輿論譁然，例如死刑、媒體壟斷和轉型正義，但媒體似乎不瞭解這次審查的重要性，對於審查會議的新聞報導顯得不足，深入的分析報導更是寥寥無幾，媒體並未發揮應有的教育大眾功能。

　　整個過程中，審查委員們一再強調坦誠和建設性對話的重要性。雖然如一位委員指出，政府在審查過程中仍有一些抗拒和否認的態度，但政府代表們確

實認真地進行討論，這點受到許多審查委員的肯定。然而，過程中還是可見一些問題，例如在一些重要議題上，政府缺乏用於瞭解和監督人權實踐的數據資料；而且與許多國家一樣，政府代表針對委員問題的答覆，傾向於引用法條規定，而未能針對實際施政的影響進行有意義的評估。對此，政府應重新檢討人權施政的定期評估制度，著手蒐集實證資料，並加強施政成效與問題的分析。

審查委員的〈結論性意見〉共有81點，涵蓋許多議題，迫切需要獨立的監督和評估，包括人權制度建設、人權教育訓練、政府決策透明度以及弱勢族群的權利保障。政府接下來應盡快就審查委員的各項建議，建立確實有效的追蹤制度，並定期舉辦獨立的人權審查。目前政府為落實〈結論性意見〉，已開始思考如何規劃「國家人權行動計畫」，民間團體對此亦積極推動，以期建立一個永續的人權機制。

台灣這次非比尋常的審查，有助於提高政府人權意識、加強民間團體的動員力量、促進後續人權制度建設，並在一定程度上引進國際監督，增加政府遵守國際人權標準的外在壓力。本次審查雖然已經結束，但應被視為一個持續不斷的過程。公約的內容與〈結論性意見〉，可作為政府與民間的對話基礎以及溝通語言，審查委員提出的各項建議，若能在審查後持續成為政府與民間的溝通平台，以此結合雙方力量及智慧，持續促進台灣人權發展，將是這次審查最重大的意義。

台灣願意遵守國際人權法，不僅有助於國際人權發展，這次台灣創新的實驗對國際也有一些啟發意義。目前國際上要求改進聯合國人權條約審查制度的呼聲不斷，台灣模式所具備的一些特點，或許值得聯合國改革人士採納，例如更廣泛的政府及民間參與，以及高度諮詢的審查過程。

這次審查有許多值得肯定之處，但台灣是否履行公約義務，更為關鍵的是審查後的實踐。其中針對審查前引發爭議的死刑執行，審查委員的〈結論性意見〉特別提到：「專家強烈建議中華民國（臺灣）政府應該加緊努力朝向廢除死刑，首要的決定性的步驟就是立刻遵守聯合國大會的相關決議案，暫停執行死刑。」然而，審查結束後，政府在2013年4月19日再度槍決六名死刑犯，雖

然死刑僅是國際審查中諸多人權議題之一，但其重要性不言而喻，死刑執行因此引發國內外對於政府是否將遵守〈結論性意見〉的質疑。

　　政府既然主動邀請審查委員協助其履行《兩公約》，審查委員和公民社會自然期待政府能以善意遵守〈結論性意見〉。從政府的角度，顯然也希望繼續邀請國際專家來台審查，加強與國際社會的合作。因此，究竟政府應如何看待〈結論性意見〉？獨立專家組成的審查委員會的地位為何？政府機關和法院適用《兩公約》規定時，是否應參照審查委員們的解釋？政府違反〈結論性意見〉的法律效果又是如何？台灣接下來執行《兩公約》，不能不正視這些問題。

陳玉潔**

壹、前言

　　中華民國台灣仍爲聯合國會員國時，於1967年簽署了《公民與政治權利國際公約》與《經濟社會文化權利國際公約》（《公政公約》及《經社文公約》，下稱《兩公約》）以及《公民與政治權利國際公約第一任擇議定書》[1]，然而其在1971年失去聯合國之中國代表權之前並未完成《兩公約》之批准程序。事實上，當時台灣處於戒嚴時期，在白色恐怖之壓迫下，一切人權保障淪爲空談。

　　由於長期的國際孤立，台灣公部門和民間社會普遍對國際人權體制感到陌生。戒嚴時期不見任何批准人權公約之討論，即便在1987年解嚴後，台灣政府對於應否以及如何批准人權公約，也感到相當陌生與棘手。

　　1990年代末期，一些台灣非政府組織（下稱NGO）和學者意識到台灣與

---

*　本文原刊登於《台灣人權學刊》，第5卷第3期，2018年6月，頁43-62。

**　本文研究除參考文獻外，主要基於筆者對台灣兩人權公約審查之實地觀察以及與台灣NGO工作者、學者和政府官員進行共計40次之半結構性訪談。關於國際人權領域之實證研究方法，參陳玉潔。2014。〈國際人權實證研究方法概述〉。《台灣人權學刊》，第2卷第3期，頁171-189。筆者感謝本研究受訪者撥冗分享他們的經驗和觀察。訪談內容原則上以匿名方式處理並以編號標示，在有必要並且獲得受訪者明確同意時，才會呈現受訪者身分。此研究成果亦發表於筆者文章：Yu-Jie Chen. 2018. "Localizing Human Rights Treaty Monitoring: Case Study of Taiwan as a Non-UN Member." *Wisconsin International Law Journal* 35(2): 277-324. 本文同時刊載於《法治流變及法律制度構建——孔傑榮教授九秩壽辰祝壽文集》，元照出版，2020年。聯絡方式：yu-jie.chen@nyu.edu。

[1]　《人權立國與人權保障的基礎建設——2002年國家人權政策白皮書》，2002年2月。此外，中華民國在聯合國時完成了一些核心人權公約之批准程序，包括《防止及懲治滅絕種族罪公約》（我國翻譯爲《防止及懲治殘害人群罪公約》）以及《消除一切形式種族歧視國際公約》。

國際人權之脫軌，才開始較有系統地推動國際人權規範和制度，然而過程並不順利。[2] 一直到2009年，在馬英九政府之主導下，立法院終於通過《公政公約》與《經社文公約》之批准案。台灣政府透過邦交國向聯合國遞交批准書，遭到聯合國秘書處拒絕。即便無法遞交批准書，為了確保《兩公約》保障人權之規定具有國內法效力，立法院制定了《公民與政治權利國際公約及經濟社會文化權利國際公約施行法》（下稱《兩公約施行法》），規定政府應執行落實《兩公約》，《兩公約施行法》於2009年12月10日開始實施。

　　在聯合國體系中，國家批准人權條約後應向負責監督之人權條約機構提交初次報告，說明其為實現公約權利所採取的措施、執行進度及遇到之困難，之後並應提交定期報告，持續接受人權條約機構之監督。然而，台灣政府無法提交報告給《公政公約》與《經社文公約》之條約機構——即聯合國「人權事務委員會」以及「經濟社會文化權利委員會」。為彌補無法參加聯合國人權審查之缺憾，《兩公約施行法》第6條明定：「政府應依兩公約規定，建立人權報告制度。」

　　然而，《兩公約施行法》並未提供詳細指示，究竟被隔絕於聯合國體制外的台灣要如何「依《兩公約》規定，建立人權報告制度」？應該有誰參與？在哪裡舉辦？具備哪些程序？這些問題並不容易，亦無任何前例可循。即便如此，台灣政府和民間社會發揮了最大的想像力，台灣獨樹一格之人權公約審查模式，就此誕生。

2　參 Yu-Jie Chen. 2019. "Isolated but Not Oblivious: Taiwan's Acceptance of the Two Major Human Rights Covenants." In Jerome A. Cohen, William P. Alford, and Chang-fa Lo. eds., *Taiwan and International Human Rights: A Story of Transformation.* Springer.

貳、台灣人權公約審查模式

一、審查制度之設計

建立制度的過程並不容易，期間經過了許多摸索。2010年12月，「總統府人權諮詢委員會」（下稱府人權委員會）成立，其中一項任務即為設計人權報告制度。委員會由17名委員組成，官方成員包括副總統（召集人）、行政院副院長、司法院副院長以及監察院副院長，其餘13名委員均為民間代表，包含著名人權專家學者以及NGO人士。

與此同時，台灣民間社會也開始動員。許多NGO共同成立了「兩公約施行監督聯盟」（後改名為「人權公約施行監督聯盟」，下稱「兩公盟」或「人約盟」）。在府人權委員會討論如何設計人權報告審查過程中，「人約盟」積極遊說，使得許多NGO的建議得以反映在制度上。

府人權委員會於第一次會議時，即開始討論應如何建立報告制度，當時做出一項重要決議：亦即國家人權報告不應由府人權委員會的成員來撰寫，而必須由政府官員親自撰寫，府人權委員會的角色在於審查政府機關提交的報告。[3] 此項決議奠定了之後廣泛政府參與之基礎。

府人權委員會接下來將焦點放在國家人權報告的格式上，委員會（除少數委員外）一開始對於聯合國人權公約審查程序仍相當陌生，[4] 因此初步決議或許應參考前任民進黨政府（2000-2008）的做法，每兩年出版「國家人權報告（試行報告）」。[5] 然而，此類「試行報告」實際上多交由專家學者完成，並非政府官員親自撰寫，而且也無任何外部審查程序。

與此同時，作為府人權委員會議事單位的法務部，被府人權委員會交派必

---

[3] 府人權委員會第一次委員會議結論，2010年12月10日。http://www.president.gov.tw/Page/227。

[4] 訪談#18（府人權委員會委員），台北，2012年8月8日。

[5] 府人權委員會第二次委員會議結論，2011年1月14日。http://www.president.gov.tw/Page/227。

須研究聯合國人權審查制度。經過數個月的研究，法務部提供了《兩公約》條約機構之審查程序以及聯合國人權理事會之「普遍定期審議」（Universal Periodic Review）程序，供府人權委員會參考。

一些NGO以及兩公盟希望台灣能引進聯合國相關程序，[6]以確保定期審查政府人權紀錄，並引進外部監督。「兩公盟」於是舉辦許多研究討論會議，最後提出一份說帖，要求政府在設計台灣人權報告時，應盡量遵循聯合國人權條約機構相關規則與做法，說帖裡面也詳細說明了人權條約機構運作模式。[7]

經過數個月的討論後，「兩公盟」的遊說最終得到府人權委員會之支持。府人權委員會決議台灣政府應與所有公約締約國一樣，按照聯合國印發之《國際人權條約締約國提交報告的形式和內容準則彙編》提出初次及定期報告，並應參照《兩公約》之條文、一般性意見所規定事項及相關聯合國做法，逐條說明政府相應之人權保障制度。此項決定樹立了台灣政府在審查中盡可能遵循聯合國模式之準則。

具體而言，「兩公盟」建議政府提出《共同核心文件》以及《兩公約》各自之「條約專要文件」，並邀請國際人權專家和前聯合國人權事務官員組成獨立且具公信力之國際審查小組，審查政府報告。「兩公盟」更進一步主張，台灣審查可以配合聯合國的固定會期，在日內瓦聯合國辦公室周邊場地同步進行。府人權委員會很大程度上採納了「兩公盟」關於審查程序之建議，但並未採納在日內瓦舉辦審查的建議。

聯合國人權公約審查中，協助相關行政事項的部門為聯合國人權事務高級專員辦公室（下稱人權高專辦）。然而，台灣並無法借助於人權高專辦，《兩公約》審查程序只好由法務部（府人權委員會之議事單位）負責。但法務部作為政府部門，一方面要舉辦人權審查，另一方面又是被審查的對象，難免有球

---

[6]　《消除對婦女一切形式歧視公約》（下稱CEDAW）於2009年曾舉辦第一次國家報告的審議，然而當時的審查過程並未完整地引進聯合國相關程序，因此不少民間團體認為此並非應該複製之經驗。訪談#6（兩公盟成員、律師），台北，2012年1月11日。

[7]　兩公約施行監督聯盟，〈如何設計符合《兩公約施行法》第六條的國家報告制度〉，2011年4月7日。http://covenants-watch.blogspot.com/。

員兼裁判之嫌。[8] 爲強化秘書處之中立性，府人權委員會設置了「秘書處諮詢委員會」（下稱七人小組），指導監督秘書處之運作。七人小組由三位府人權委員會委員以及四位民間代表共同組成，因此也確保了民間的建議可以被採納。

七人小組在籌備審查工作上扮演了重要角色。首先在選任審查專家上，其透過NGO的推薦選任了《公政公約》與《經社文公約》兩個審查委員會之審查委員。兩個審查委員會各有五名國際專家，七人小組選任審查委員時不僅考量審查委員的專業，也考量了性別比例和地理分布。這些國際專家對於聯合國人權條約審查富有經驗，來自亞洲區域專家的比例也相當高。此外，向來關注台灣人權法治發展的孔傑榮教授也在名單之列——因爲不受限於聯合國的運作，台灣反而更能針對自己國家區域特性挑選適任的審查委員，使審查內容更加深入。此外，受邀的委員們學養俱佳，在國際人權界廣受敬重，在審查中亦始終保持獨立、客觀、公正的態度。

七人小組在決策過程中，盡量遵循聯合國相關準則與工作方法，[9] 以確保審查正當性和公平性；但另一方面並不畫地自限，只要是七人小組認爲對台灣審查有幫助之措施，也會予以變通採納。例如，兩公盟提議台灣應該設計一套「優於聯合國的制度與議事規則」[10]，包括給予NGO更多時間與國際專家溝通交流，此建議也爲七人小組接受。

二、《兩公約》初次國際審查

（一）撰寫報告

台灣的國際審查程序盡可能地遵循了聯合國相關規範：審查前數月，政府

8　張文貞。2013。〈兩公約國際審查的困局：法務部作爲秘書處的定位失當〉。《台灣人權學刊》，第2卷第1期，頁144。

9　黃嵩立。2013。〈從公民社會的角度觀察初次國家人權報告的撰寫和審查〉。《台灣人權學刊》，第2卷第1期，頁125-126。

10　兩公約施行監督聯盟，〈兩公約施行監督聯盟拜會府人權委員會訴求建議書〉。2012年3月27日。http://www.cahr.org.tw/eweb/uploadfile/20120427120111220.pdf。

向國際審查委員們提交國家人權報告；許多NGO也提交「影子報告」，針對政府報告提出指正、澄清或提供其他資訊。審查會召開前，國際審查委員們針對重要議題對政府提出疑問（「問題清單」），政府機關在審查會議召開前予以書面答覆。

　　對於政府官員而言，撰寫這些報告的學習曲線相當大。法務部為政府機關，召開許多會議，討論如何依據聯合國相關準則撰寫人權報告。此外，府人權委員會為了審查政府機關報告，也召開共計82場會議，會議均開放給專家學者和NGO代表參加。每次會議，桌上總是堆滿參考資料，包括聯合國文件與其他國家的人權報告，無論是政府機關或民間團體，都需要花許多時間消化這些資訊。[11]

　　各部門官員寫出的第一稿報告遭到NGO和府人權委員會嚴厲抨擊，民間普遍認為政府報告不僅缺乏有意義的資訊和分析，也顯現出各部門機關為現行政策辯護的防衛態度。其實，在此初期階段，政府官員仍不熟悉報告制度，負責相關工作的法務部官員表示，剛開始寫報告的過程就像「盲人摸象」，[12]許多官員沒有經驗，不知所措，而且對於要在報告中誠實寫出政府政策下的人權問題感到不安。雖然部分政府機關迅速進入狀況，表現出較為開放的態度，但也有一些機關對於因人權報告而增加的工作量感到不滿，[13]除捍衛現狀外，偶爾還對會議中提出批評的NGO人士懷有敵意，將人權公約報告視為障礙。[14]

　　政府機關數次改寫報告後，召開四次公聽會，公聽會中蒐集到的民間社會意見由府人權委員會納入報告中。《兩公約》之初次國家人權報告在耗時一年後終於完成，於2012年4月公布，英文譯本於9月份送交給國際審查專家。

　　雖然經過幾次修改，最後定稿的版本還是受到許多批評，NGO認為政府

---

[11] 王幼玲。2013。〈參與國家人權報告撰寫的奇幻之旅〉。《台灣人權學刊》，第2卷第1期，頁108-109。

[12] 訪談，彭坤業檢察官（時任法務部法制司司長），台北，2012年8月8日。

[13] 訪談#33（國際法學者），台北，2013年1月4日。

[14] 參前註9，頁124。訪談#14（兩公盟成員、律師），台北，2012年8月6日。訪談#15（七人小組成員），台北，2012年8月7日。訪談#33（國際法學者），台北，2013年1月4日。

報告沒有如實反映政策缺失，也沒有提出改善方案，[15]批評報告是「官樣文章」。然而有些專家認爲，雖然報告不理想，但至少有看到一些進步[16]——報告最終版本顯然好過初稿，而且政府官員撰寫人權報告的能力似乎隨著時間有所改善。[17]撰寫國家人權報告的過程應被視爲人權「教育培訓」的一部分，[18]官僚體系思維的轉變不可能一蹴而就，這個撰寫國家人權報告的過程，其實就是一個「內化過程」。[19]

在國家人權報告發表後，民間團體也做了許多功課，陸續提交「影子報告」。一些NGO在開始時不知道如何撰寫「影子報告」，不得不加快學習。[20]以「兩公盟」（《兩公約》審查中最具規模的NGO聯盟）爲例，旗下的NGO共同進行協調工作，分配各個NGO負責不同議題，[21]他們也參考了聯合國相關準則以及國際NGO在其他國家審查時提出的影子報告。「兩公盟」和一些比較有經驗的NGO擔心民間團體不熟悉「影子報告」的運作，因此舉辦了工作坊，邀請國內外的專家對NGO進行培訓。[22]

部分NGO在一開始似乎並不特別熱衷，[23]NGO工作者也必須從頭學習如何從人權公約保護的角度來思考他們面對的問題。[24]但隨著審查日期的逼近，越來越多的NGO意識到國際審查將有助於他們的倡議工作。最後，提交「影

15 〈官樣文章，紙上人權〉：兩公約施行監督聯盟回應初次國家人權報告記者會新聞稿。2012年4月20日。http://covenants-watch.blogspot.com/2012/04/blog-post_20.html。
16 訪談#14（兩公盟成員、律師），台北，2012年8月6日。
17 訪談，郭銘禮檢察官（時任法務部法制司調辦事檢察官），台北，2012年1月12日。訪談#18（府人權委員會委員），台北，2012年8月8日。
18 訪談，彭坤業檢察官（時任法務部法制司司長），台北，2012年8月8日。訪談#33（國際法學者），台北，2013年1月4日。
19 訪談#10（府人權委員會委員），台北，2012年1月13日。
20 訪談#6（兩公盟成員、律師），台北，2012年1月11日。訪談#15（七人小組成員），台北，2012年8月7日。
21 高涌誠。2013。〈台灣國家人權初次報告與國際審查〉。《新世紀智庫論壇》，第62期，頁31。
22 訪談#15（七人小組成員），台北，2012年8月7日。
23 訪談，黃文雄（兩公盟第一任召集人），台北，2012年8月17日。訪談#20（兩公盟成員），台北，2012年8月9日。
24 訪談#14（兩公盟成員、律師），台北，2012年8月6日。訪談#15（七人小組成員），台北，2012年8月7日。

子報告」的NGO相當多元，包括一般性人權NGO以及特定議題的NGO，如身心障礙者權利、環境、LGBT權利、強制拆遷、兒童、移工以及賦稅人權等議題。

　　儘管工作負擔非常大，NGO對審查的態度相當正面，當國際審查開始啟動後，他們的動員較有著力點，可以根據《兩公約》規定提出具體之要求。[25] 而且，在撰寫國家報告和審查過程中，NGO可以參加政府的討論，對國家報告提出批評和建議，此種會議成為NGO和政府互動的平台，撰寫影子報告的過程也是NGO之間串連的平台。[26]

（二）審查會議

　　國際審查會議於2013年2月25日在台北舉行。審查會議前兩個月，台灣政府執行了六名死囚，引發許多批評和爭議。即將來台審查的國際專家認為台灣政府不應該在審查前執行死刑，畢竟國際專家來台審查目的之一，便是與台灣政府討論死刑相關議題，一些國際專家甚至一度考慮取消來台行程。[27] 但最後全部的國際專家還是如期來台，希望能夠與台灣政府就死刑與其他人權議題進行有意義的對話。

　　審查會議持續三天。《公政公約》與《經社文公約》的審查委員會在第一天舉辦共同會議審查共通性的人權議題，第二天開始分別審查各自公約之議題。國際專家除了與台灣政府代表交換意見外，也聽取了NGO的簡報。第四天，國際專家進行不公開評議，最後在3月1日發布了一份詳盡的〈結論性意見與建議〉（下稱〈結論性意見〉），對台灣政府提出批評和建議。

　　台灣的國際審查會議在台北舉行，而非聯合國人權條約機構審查的地點

25　訪談#6（兩公盟成員、律師），台北，2012年1月11日。
26　訪談#6（兩公盟成員、律師），台北，2012年1月11日。訪談#33（國際法學者），台北，2013年1月4日。
27　"Observations on the Review for the State Reports of Two International Human Rights Covenants in Taiwan: Written Interviews for International Experts"（Interviewees: Virginia Bonoan-Dandan, Jerome A. Cohen, Miloon Kothari, Peer Lorenzen, Manfred Nowak, Eibe Riedel, and Theo van Boven）。《台灣人權學刊》，第4卷第2期，2017年12月，頁126。

（通常在日內瓦，部分在紐約舉辦），此爲台灣在地化審查模式最爲特別之處。便利的地點有利廣泛的政府參與和民間動員。由於審查會議室無法容納數百名官員和NGO代表，因此現場也進行了會議的電視直播和網絡直播。會議有中英文同步翻譯，也提供手語。

　　政府各部門共派出80多位代表出席審查會。由於各部門都有代表出席，所以國際專家於審查會上的提問大多能立即獲得政府代表團回應，[28] 國際專家在對話中肯定台灣政府代表的認眞態度。然而，當國際專家要求政府說明相關政策的人權影響時，政府機關的回覆多傾向引用法律規定，而缺乏評估數據和批判性的分析。許多的政府回應也反映了以官僚體系爲中心的態度，傾向於維持現狀。一位國際專家就在發表〈結論性意見〉時坦率地說，台灣政府與其他許多政府一樣，也有相當程度的「抵抗」和「否認」。

　　不過，國際審查仍然十分有意義，尤其是台灣「在地審查」模式提高了政府的參與程度，審查過程具有教育功能，可提升政府官員對其職掌業務範圍的人權敏感度。[29] 在聯合國人權公約審查中，締約國多半只派出少數代表參與，且多爲外交官員，這些代表不見得熟悉各政府部門的政策執行情況；相較之下，台灣的「在地審查」模式使大批官員能出席審查會議，這些代表來自各政府部會，對於審查委員們的提問多能即時提供資訊。

　　NGO也全力動員參與審查會。在台北舉行國際審查對國內NGO來說相當便利，使得原本可能因預算而無法前往日內瓦、紐約的NGO也可以出席。台灣審查會也擴大公民社會的參與，審查專家在每天審查會議開始前聽取NGO的簡報，盡量讓想發言的NGO都有機會發言。一般而言，在聯合國程序中，NGO的參與因一些締約國阻撓受到許多限制；相較之下，台灣NGO在審查會議中有較多的時間向委員們遊說。雖然是第一次參與國際審查，台灣民間組織展現了對議題的熟悉程度以及組織能力。

28　同前註，頁131。
29　同前註，頁118。

　　在台灣，很少有像國際審查這樣的平台可以吸引如此多NGO的參與，審查會使台灣民間團體得以聚焦，彼此協調合作。國際審查擴大了不同領域NGO之間的平行合作，形成有系統的資訊共享、集體行動網絡。這個過程對台灣NGO的團結和培力有極大的貢獻。[30]國際審查也加深了特定領域中的NGO之間的垂直合作，例如成功動員的原住民NGO，共有九組團體申請與國際專家對談，每個小組分工不同的議題，確保每個關於原住民人權的重要問題都得到關注。

　　國際專家在新聞發布會上公布了〈結論性意見〉，涵蓋議題相當廣泛，包括：設立國家人權委員會、接受並落實其他核心人權條約、審查與《兩公約》不符之法令與行政措施、人權公約在司法上的實踐、人權教育與訓練、政府決策透明度及人民參與、企業責任、轉型正義、性別平等與零歧視、原住民族權利，以及其他《兩公約》下之個別議題。[31]

　　國際專家毫不保留，在報告中不諱言高度爭議問題，例如死刑和前總統陳水扁的健康與監禁狀況，並注意到在台灣經常被忽視的議題，包括經濟和社會不平等的狀況，以及對於包括原住民、受刑人、移工和新住民在內的弱勢群體之待遇。專家指出，由於時間限制，他們的〈結論性意見〉無法處理審查中提出的大量問題。他們強調，國際審查的價值應該要超越〈結論性意見〉，審查最重要的貢獻，將會是開啟對話的程序，針對審查中提到的所有問題，持續提出有意義的回應及解決方案。

三、《兩公約》第二次國際審查

　　第二次的《兩公約》國際審查在四年後召開。由於是第二次審查，許多程序基本上都遵循了初次審查所建立的做法。不過政府和民間社會也反省過去經

30　同註9，頁130。

31　Review of the Initial Reports of the Government of Taiwan on the Implementation of the International Human Rights Covenants, Concluding Observations and Recommendations Adopted by the International Group of Independent Experts, 1 March 2013. In http://www.humanrights.moj.gov.tw/ct.asp?xItem=298633&ctNode=33698&mp=200.

驗，在第二次審查時提出了一些重要的改善措施，包括增加NGO與國際專家的對話時間，邀請更多的國際NGO觀察參與，並在《共同核心文件》和《兩公約》國家報告外，再獨立撰寫「回應兩公約初次國家報告結論性意見與建議」之報告，以逐條說明政府對於2013年〈結論性意見〉的執行情況。撰寫第二次人權報告和審查過程仍然相當耗時，尤其是許多負責初次國家人權報告的官員已經調升其他職位，撰寫第二次報告的任務於是落到許多必須從頭開始學習的政府官僚身上。[32]

　　台灣NGO有了第一次經驗後，第二次審查更爲上手。「人約盟」這次吸引了超過80個NGO加入聯盟，規模更爲龐大。其「影子報告」指出，政府在初次審查後缺乏重大進展，僅僅執行了〈結論性意見〉中少數建議（包括通過《兒童權利公約施行法》和《身心障礙者權利公約施行法》，給予前總統陳水扁保外就醫，擴大《提審法》範圍，刪除《人類免疫缺乏病毒傳染防治及感染者權益保障條例》等關於外籍感染者之限制條款）。[33]「人約盟」召集人呼籲NGO必須有效地利用國際人權規範，透過審查監督政府。不在「人約盟」裡面的NGO也提交了自己的「影子報告」。與初次審查一樣，NGO提供的資訊對於國際專家相當有幫助，許多NGO關注的議題都反映在國際專家向政府提出的「問題清單」中。

　　審查會議於2017年1月16日舉行，爲期三天。程序與初次審查雷同，但增加了NGO的時間，使NGO在每個政府場次之後多了一個小時時間與國際專家見面。第二次會議也增加了國際NGO的參與，七人小組在會前發布了相關規定，鼓勵國際NGO參與，實際上，一些組織有派員來台觀察。

　　政府部門一共派出100多位代表，最高級別的官員是法務部次長和內政部次長，他們在場負責協調政府機構對專家問題的回應，政府部門在回答時仍然傾向引用法條。針對此現象，國際專家一再強調，他們想更多地瞭解「紙上的

---

32 電郵訪談，周文祥檢察官（時任法務部法制司調辦事檢察官），2017年5月15日。
33 人權公約施行監督聯盟公布2015年度監督報告《民間影子報告：回應兩公約81點總結意見》。2015年12月25日。http://covenants-watch.blogspot.tw/2015/12/201581.html。

法律」如何轉化爲實踐？現實中存在哪些挑戰？他們對台灣政府僅履行第一次〈結論性意見〉中的少數建議感到遺憾。

　　與初次審查相同，國際專家在新聞發布會中公布〈結論性意見〉。[34] 這次新聞發布會獲得較多的媒體報導，儘管報導篇幅依舊不如人意。第二次的〈結論性意見〉重複了初次〈結論性意見〉中許多未被執行的建議，另外也提出一些新的問題，包括所得不均、《精神衛生法》中強制住院程序、外籍漁工之工作環境、童工和同性婚姻等。

　　總述本節，台灣在地行動者爲了落實《兩公約》規定，創造了獨特的監督機制。無論是從政府或NGO的角度，建立一個與聯合國人權公約機制類似的審查制度相當重要。台灣政府與大多數政府一樣，重視其地位和國際形象，更因爲其長期受國際孤立而渴望國際認同，在政府眼中，其作爲國際社會之一員，應該創造一個忠於聯合國制度的審查方式。從民間角度而言，採納聯合國程序、邀請國際專家作爲中立判斷之第三者，可提高審查的正當性，增加NGO倡導的影響力。即便如此，在地行動者並不畫地自限，而能夠根據當地的需求，對聯合國程序加以改進。

　　《兩公約》建立起來的審查模式已運用在台灣其他人權公約的審查上，包括CEDAW（立法院於2007年通過批准案，該公約施行法於2012年施行）、《兒童權利公約》（公約施行法於2014年施行，立法院於2016年通過加入案）、《身心障礙者權利公約》（公約施行法於2014年施行，立法院於2016年通過加入案）。這些公約審查均在台北舉辦，邀請國際負有聲望之人權專家來台審查，審查過程均盡量遵循聯合國相關做法，並賦予在地行動者相當之彈性在一些方面做出調整與改進。

34　Review of the Second Reports of the Government of Taiwan on the Implementation of the International Human Rights Covenants, Concluding Observations and Recommendations adopted by the International Review Committee, 20 January 2017. In http://www.humanrights.moj.gov.tw/ct.asp?xItem=464124&ctNode=45414&mp=200.

參、台灣審查之啓發與缺失

一、「在地化」模式之啓發

　　現行國際法體系在人權與正義相關議題上，經常被批評與「地方利害關係者」（local stakeholders）的生活相距甚遠，甚至「脫節」或「無感」。此類批評在國際刑事法庭的研究中特別突出，例如Jose Alvarez在「盧安達問題國際刑事法庭」（International Criminal Tribunal for Rwanda, ICTR）研究中指出，ICTR在法官選任上缺乏地方代表，其法院選址位於盧安達境外，使得法院與地方利害關係者疏離。[35]另外，Michelle Sieff和Leslie Vinjamuri也觀察到ICTR和前南斯拉夫問題國際刑事法庭（ICTY）審判方式「中央化」（centralized）之不足——這些國際法庭都與當地社會脫節，被當地人民視爲「西方」產物。[36]

　　Sieff和Vinjamuri因而主張國際刑事審判應「去中央化」（decentralized），強化這些機制與地方的互動。此外，Paul Gready則以「遙遠的正義」（distanced justice）一詞捕捉了地方無感的現象，Gready指出一些國際刑事法庭與地方社群隔離，且沒有產生預期的影響。他提出所謂「扎根的正義」（embedded justice），亦即強調在地參與，使相關國際機制能有助於當地社會、政治與法律發展。「扎根的正義」在相當程度上由「地方」自己定義、主張並擁有，因此能與地方產生共鳴。[37]然而，Gready也不忘指出，國際規範爲了促進人權保障，難免會挑戰地方傳統；亦即國際規範與地方規範難免會有衝突的時候，「扎根的正義」一方面必須貼近在地社會，另一方面也必須確實維

---

[35] Jose E. Alvarez. 1999. "Crimes of States/Crimes of Hate: Lessons from Rwanda." *Yale J. Int'l L.* 24: 365, at 370, 481.

[36] Michelle Sieff and Leslie Vinjamuri. 2002. "Prosecuting War Criminals: The Case for Decentralisation." *Conflict, Security and Development* 2(2): 103, at 104.

[37] Paul Gready. 2005. "Reconceptualising Transitional Justice: Embedded and Distanced Justice." *Conflict, Security and Development* 5(1): 3, at 9.

護國際人權規範的完整性。[38]

上述討論拋出了一個重要的問題：如何在國際人權與正義機制中強化在地連結，實現「扎根的正義」？

事實上，「地方疏離」之問題不是國際刑事法庭獨有。聯合國人權條約機構之審查也採中央化之模式，同樣面臨此挑戰。專家學者很早就開始注意到公約審查在「可及性」（accessibility）與「能見度」（visibility）方面不足，Philip Alston在1996年就提到，人權條約機構發布的〈結論性意見〉很少受到地方矚目。[39] 2006年，Louise Arbour當時身為聯合國人權事務高級專員，對條約機構體系提出建議改革時也提到：地方（國內層次）缺乏對於條約機構監督程序以及他們提出的建議之意識或知識，因此使得「國內層次看不見」條約機構。[40] 許多條約機構專家也承認：「公眾仍然在很大程度上不瞭解這個（人權公約審查）制度，包括（條約機構）對於他們國家所做出的意見。」[41]「在專家學者圈子以外，公眾對於條約機構制度的意識非常低。」[42] 在現今人權公約經常被批評為「空頭支票」之時，[43] 如何加強人權條約監督與實踐更顯急迫。

---

[38] *Ibid.*, p. 3.

[39] Philip Alston. 1996. Final Report on Enhancing the Long-term Effectiveness of the United Nations Human Rights Treaty System, U.N. ESCOR, 53rd Sess., Agenda Item 15, at 68, U.N. Doc. E/CN.4/1997/74.

[40] The Concept Paper on the High Commissioner's Proposal for a Unified Standing Treaty Body, Report by the Secretariat, International Human Rights Instruments, Fifth Inter-Committee Meeting of the Human Rights Bodies, 19-21 June 2006, Eighteenth Meeting of Chairpersons of the Human Rights Treaty Bodies, 22-23 June 2006, Item 6 of the Provisional Agenda, at 26, U.N. Doc. HRI/MC/2006/2 (2006).

[41] The Dublin Statement on the Process of Strengthening of the United Nations Human Rights Treaty Body System, adopted 19 November 2009 by current and former Treaty Body members, 20 April 2020. In www.nottingham.ac.uk/hrlc/documents/specialevents/dublinstatement.pdf.

[42] Outcome Document, Strengthening the United Nations Human Rights Treaty Body System, Dublin II Meeting (Dublin, 10-11 November 2011), at 35. In http://www2.ohchr.org/english/bodies/HRTD/docs/DublinII_Outcome_Document.pdf.

[43] 例如Oona A. Hathaway. 2002. "Do Human Rights Treaties Make a Difference?" *Yale L.J.* 111: 1935; Emilie M. Hafner-Burton and Kiyoteru Tsutsui. 2005. "Human Rights in a Globalizing World: The Paradox of Empty Promises." *Am. J. Soc.* 110: 1373. 但也有研究顯示人權公約在一定條件之下具有促進人權保障之作用，參見Beth A. Simmons. 2009. *Mobilizing for Human Rights: International Law in Domestic Politics.*

聯合國近年來開啓了一連串的條約機構「強化程序」（strengthening process）。2012年，當時的人權事務高級專員Navanethem Pillay發表了一份「強化聯合國人權條約機構體系」報告。[44] 報告指出，當今人權條約機構面臨的問題，包括締約國提交人權報告嚴重遲延、條約機構審議會議延宕，以及不同條約機構工作方法不一致等。在「可及性」及「能見度」之議題上，Pillay建議對審查及相關會議進行網路直播和視訊會議，以及加強宣傳策略。[45] 一些加強條約機構體系的改革工作正在進行中。

本文認爲，Pillay建議加強宣傳和直播，對於條約機構體系的「可及性」及「能見度」或許有些幫助，但效果有限。這種建議反映的是「中央化」制度之思維——亦即從「中央」（國際）的角度思考，希望透過更多的外展、媒體與傳播策略，將信息傳遞到「地方」。然而，此種思維分配給地方公衆的角色相對被動；亦即地方公衆的角色是負責接收來自國際層面的資訊與培訓，而非一個與國際體系積極互動的角色。

本文主張，國際人權與地方疏離的問題有兩個層面。其一是實際上之距離，亦即公約審查地點與被審查國家之距離，此種距離可能阻礙地方利害關係者（本文稱「在地行動者」）之參與。對經濟發展較爲落後的國家而言，派政府代表團出席審議會議的成本相當昂貴。對於一些資源不足的草根NGO來說，派員參加日內瓦會議根本不可能。而且，NGO即便參加了審議會議，於審議會議上不能發言，僅能在周邊會議（side events）中向條約機構專家進行遊說，由於時間緊迫，每個NGO最多僅能分配到幾分鐘。

其二，這種實際的距離帶來了心理上的距離，減低了國際體系的「可及性」和「能見度」。當國際人權計畫缺乏在地參與，很可能使得這樣的計畫忽略當地實際情況，[46] 反映不出在地的聲音，也可能使得主要利害關係者將國際

[44] U.N. High Commissioner for Human Rights. 2012. Strengthening the United Nations Human Rights Treaty Body System, U.N. GA, 66th Sess., Agenda Item 124, U.N. Doc. A/66/860.
[45] *Ibid.*
[46] Sally Engle Merry. 2006. *Human Rights and Gender Violence: Translating International Law into Local Justice* 3.

人權規範當成是遙遠、與我無關之「舶來品」。

　　台灣獨創的「在地化」審查模式，在相當大程度上減緩了上述聯合國「中央化」模式帶來的「地方疏離」問題。本文認為台灣模式之啓發意義在於為地方與全球之關係帶來了不同的想像。人權條約機構之審議應該被理解為一個地方與全球共享共有的人權計畫，此計畫之成功取決於兩方面之資源：其一是廣泛、有意義的在地參與；其二是來自國際層面之資源和監督，兩者缺一不可。台灣模式很好地說明了此種「地方」與「全球」共享共有的新架構。

　　台灣「在地化」模式中，制度設計與執行層面之決策權大部分掌握在在地行動者手中（包括民間社會和政府），在地行動者也可以決定改善審查程序，包括增加NGO與國際專家對話之時間等。這些地方創意，只要是有利於人權公約審查目的——亦即強化監督，就應該予以鼓勵。在這種思維下，在地行動者和國際社群共有共享國際人權之資產，國際層面應鼓勵地方接受、適應國際人權規範，同時也應肯定地方做出之貢獻、調整和反饋。此種思維可以促使地方對人權計畫的成敗有更多的責任感，在台灣案例中，台灣民間團體積極主導審查的設計和執行，對於審查也充滿期許和驕傲，例如將審查定位為「台灣的第一次，也是世界的第一次」，主張台灣審查應該要「優於」聯合國的制度。

　　應強調的是，「在地化」不意味著應該孤立於國際體系之外存在。地方與全球共有共享的人權計畫不僅僅應肯認地方之主體性，同樣也重視外來之資源和監督。在地行動者應尋求國際層面所能提供之協助，以維持強化人權計畫之完整性與正當性。在台灣經驗中，在地方行動者在可能的範圍內採用了聯合國相關的工作方法，並且邀請富有聲望、熟悉國際人權運作程序的國外獨立專家來台審查，便體現了地方與國際良好的合作關係。

二、制度缺失

　　雖然台灣模式有不少重要啓發，但我們也必須正視其缺失。由於無法參與聯合國人權體制，台灣模式仍仰賴許多尚未完全制度化的舉措，面臨許多挑戰。

　　首先，台灣《兩公約》審查的秘書處由法務部擔任，法務部一方面辦理國際審查之秘書工作，一方面又是國際審查之對象，此分際不明之制度遭到強烈批評。[47]爲解決此問題，「兩公盟」和一些學者早先提出秘書處應由獨立機構擔任之建議，然未經採納。[48]雖然法務部團隊在民間主導的七人小組指導下，目前爲止在秘書工作上始終保持中立性及專業性，然而此制度設計仍無法完全排除政治干預的可能性。

　　第二，聯合國人權條約機構之運作與維持，有人權公約作爲法理基礎。台灣則缺乏類似之制度性機構。此意味著每次定期審查開始前，台灣政府必須重新邀請國際專家，重組國際審查委員會。目前應邀來台的國際專家非常支持台灣審查，但實際上他們並無義務參與審查，若有些委員因故無法前來，台灣政府就必須重新尋找人選，此過程充滿不確定性。

　　第三，與此相關，邀請國際專家並無法律依據，亦非政府法律義務。國際審查之舉行並無法律制度保障。

　　第四，數個聯合國人權條約機構已經建立了書面的「追蹤程序」（follow-up procedures），要求締約國在審議後一年內（CEDAW爲兩年）向人權條約機構報告爲執行「追蹤建議」（follow-up recommendations）——通常爲嚴重而且緊急之問題——而採取的措施，條約機構將會指派一名「追蹤報告員」（follow-up rapporteur）檢驗締約國之答覆是否適當。[49]在台灣模式中，國際專家受台灣政府邀請來台審查，但在審查範圍以外的權限並不明確，《兩公約》初次審查和第二次審查的國際專家似乎均認爲其等僅能進行審查和發表〈結論性意見〉。換言之，在下一次審查週期之前，國際專家無法進行追蹤程序。事實上，在兩次審查中間，國際專家是否存在任何功能，大有疑問。

　　第五，聯合國鼓勵各個人權條約機構與其他聯合國人權機制進行有系統

47　同註8。
48　同註10。
49　U.N. Human Rights Office of the High Commissioner. Follow-Up to Concluding Observations. In http://www.ohchr.org/EN/HRBodies/Pages/FollowUpProcedure.aspx. Last visited 30 July 2017.

的合作、資訊交流，包括人權理事會的「特別程序」（special procedures）和「普遍定期審議」等，以加強其工作之影響力。但台灣的國際專家沒有制度上的管道與聯合國人權機制進行互動；同樣地，聯合國機構也不可能引用國際專家審查台灣的〈結論性意見〉。至多，台灣「國際審查委員會」可以在〈結論性意見〉中引用聯合國人權機制的觀點和解釋。

　　這些制度上的弱點並非源於台灣自己的選擇，而是由於台灣持續被排除在聯合國人權體系外所造成之後果。台灣無法參加聯合國體系並非僅僅是政治問題，對於台灣國內人權機制如何持續運作也存在確實的影響。

肆、結語

　　台灣長期隔絕在聯合國人權體制之外，卻批准了《公政公約》與《經社文公約》以及其他國際人權公約，並在政府與民間社會協力之下共同創建了獨步全球之國際人權公約審查制度。此制度盡量仿效聯合國人權公約監督之程序，但卻具備了「在地化」之特色與優點。台灣政府和民間創造的「國際人權公約審查2.0」，體現台灣人的創意，值得國際借鑑。

　　本文主張台灣「在地化」的審查模式，使政府代表與民間團體得以廣泛參與國際人權審查，體現了地方主體性，在地行動者在實踐國際人權標準的過程中握有主導權。在此思維下，人權公約並非舶來品，而是地方與全球共有共享之資產。台灣創新的模式對於聯合國目前正在進行關於人權條約機構體系之改革，具有許多參考價值。另一方面，台灣模式並未完全制度化，在未來實踐中仍待加強改善，尤其應考慮將人權公約審查法制化，確保審查之持續性，強化對政府的問責。

第九章　國際人權公約執行報告的審查過程及其影響*

黃默（施奕如 譯）

　　2017年，我國政府邀請了10位國際人權專家來台，進行第二次《公民與政治權利國際公約》及《經濟社會文化權利國際公約》（《公政公約》及《經社文公約》，下稱《兩公約》）審查。其中有好幾位專家曾任或現任聯合國機構重要職務，他們與政府機關代表及公民團體展開對話，針對此前我國政府所提交的報告內容，請各代表進一步說明釐清，並在審查後發表〈結論性意見與建議〉（下稱〈結論性意見〉）。然而，這並非台灣第一次公約審查，2013年台灣政府便曾邀請專家來台審查政府提出之初次《兩公約》「國家報告」，此創舉的意涵與效能在當時廣受國際社會肯定。但是，2017年的〈結論性意見〉中，委員的諸多批評意見以及政策建議，其實早在2013年的〈結論性意見〉中就出現過，顯現這四年間我國人權推動力道實屬不足。

　　本文旨在探究為何台灣人權在兩次審查報告期中少有進展？蔡英文政府曾公開承諾將推動人權，積極落實國際學者專家的建言，若是如此，我們能期待政府採取哪些政策與措施？2018年，蔡英文政府執政屆滿兩年，可以清楚發現，政府確實優先處理一些人權議題，包含轉型正義，不僅是1947年的二二八事件以及1950年代至1960年代間的白色恐怖事件，也著眼於對原住民族的歷史不正義、退休年金改革，以及要求國民黨返還過往疑似以不當方式取得的黨產。但因為政府所採取政策與措施的成效尚不明朗，因此本文僅能提供暫時性的評估。然而，若要深入瞭解2013年與2017年國際專家來台審查的經過，首先需簡要回顧台灣與國際人權建制接軌的初期。

---

* 本文英文版 "After the review then what?" 發表於《台灣人權學刊》，第4卷第4期，2018年12月，頁3-30。

本文所使用的資料包括政府報告、民間人權組織的平行報告，以及學術界的研究。另外，筆者曾任總統府人權諮詢委員（下稱府人權委員），尤其在2013年、2017年成為國際審查秘書處諮詢委員會的七人小組之一，督導這兩次國際審查的工作，因而筆者的觀察也影響本文的書寫與分析。

壹

1945年聯合國成立，三年後，聯合國於1948年頒布《世界人權宣言》，新世界逐漸成形。與此同時，台灣卻於1949年頒布《臺灣省戒嚴令》，在近四十年的兩蔣威權統治期間，人權二字成了禁忌，但蔣家集權統治也不乏各式挑戰。一直到2000年，台灣首次和平地政黨輪替後，新政府對於國際人權議題才開始有所正視。最初由數個民間團體、律師公會及學術團體等共同發起「國家人權委員會推動聯盟」，20餘位有識之士提出倡議，希望政府盡早依照《巴黎原則》設立「國家人權委員會」（蘇友辰，2002），當時陳水扁總統在就職演說（Chen, 2000）中表示：

> 「中華民國不能也不會自外於世界人權的潮流，我們將遵守包括《世界人權宣言》、《公民與政治權利國際公約》以及維也納世界人權會議的宣言和行動綱領，將中華民國重新納入國際人權體系。」
> 「新政府將敦請立法院通過批准《國際人權法典》，使其國內法化，成為正式的『台灣人權法典』。我們希望實現聯合國長期所推動的主張，在台灣設立獨立運作的國家人權委員會，並且邀請國際法律人委員會和國際特赦組織這兩個卓越的非政府人權組織，協助我們落實各項人權保護的措施，讓中華民國成為二十一世紀人權的新指標。」

該次演說雖沒有華麗詞藻，卻對未來發展具有重大影響。陳總統並未在演說中明確提到《經社文公約》，這點頗令人意外，但是據可靠消息來源指出，這應是打字上的疏誤，顯示該篇就職演說的定稿相當匆促。的確，演說中約

400字關於人權價值的內容，是由公民團體所提議，而陳總統是在就職典禮前一晚才批示將該段文字納入就職演說稿中。

即使準備匆促，但陳水扁總統的就職演說在國際社會間廣受好評，國內各公民團體也倍感激勵與振奮，十分期待台灣人權發展邁向新紀元。

毫無疑問，陳水扁政府在第一個任期內，非常積極落實人權各項進展，包含推動兩項國際人權公約的簽署批准工作（此為本文關注重點）、依據《巴黎原則》設立國家人權委員會、研擬制定人權保障基本法，另成立府人權委員會，並在行政院設有跨部會的人權保障推動小組，負責人權政策的細部規劃和執行；此外在外交部與教育部等部會也設置人權委員會，以協助各部會落實推廣與其政務領域相關的人權政策，並從2002年起先行推動撰寫國家人權報告試行報告，以兩年為週期，後文將有相關說明。

這些積極推動人權的作為與願景，後來僅有部分獲得落實，因為當時傳統價值觀，對於個人主義色彩較濃厚的人權概念以及開放思維頗有批判，甚至充滿敵意；若再將政治高層菁英往往畏於創新、官僚體系的保守作風納入考量，要在社會上推動這種全新的變革，確實是相當困難的挑戰。

關於《公政公約》與《經社文公約》的批准議題，其實我國在1967年即在聯合國簽署《兩公約》，但是一直都沒有正式批准。2001年，陳水扁政府將《兩公約》的批准草案送至立法院（立法院公報，2001），由外交及僑務委員會審議，該委員會共舉辦三次公聽會，分別為2001年10月15日、2002年5月30日、2002年11月25日。然而，公聽會中對於是否批准《兩公約》或是針對某些條款提出保留，無法取得共識；各方角力下，外交部提議以帶有保留條款的方式通過《公政公約》第1條「自決權」，註明該權利僅適用於非自治領土和託管地，而台灣為獨立國家，因此並不適用該條款。外交部顯然意在以折衷方式打破僵局。最終，院會通過了針對第1條、第6條、第12條條款附帶保留條款的《兩公約》（立法院公報，2002）。

但是讓兩黨立委都相當驚訝的是，行政院針對該案提出覆議，因此，《兩公約》批准案又再度沉寂。據悉，此轉折的起因是，一位府人權委員代表民間

人權團體發言，強烈反對以折衷方式通過批准案，他表示若依照立院附帶決議，台灣即使簽署《國際人權法典》，也將成爲「國際笑柄」，因爲這將損害台灣對民族自決的推動（王平宇，2003）。從接下來幾年的發展看來，當時民間人權團體所做的判斷可說是大錯特錯，見解也過度誇大自身的重要性。

貳

2008年馬英九贏得總統大選，國民黨再度執政。此時，台灣社會歷經巨大變化，人民知識水準普遍提高，都市中產階級生活方式較爲自由，個人自主性高，政治程序依循公開競爭原則。此外，不僅是民間人權團體，各種非政府組織（NGO）的影響力都與日俱增。但是，馬英九對人權的態度和政策卻令人疑惑，以兩個最明顯的例子來說明，雖然他以身爲哈佛大學法學院的國際法專家而自豪，但他自就任初期就明確反對根據《巴黎原則》成立國家人權委員會，也反對廢除死刑。然而上任後，他又延續過去的人權政策，設立府人權委員會，也支持批准《兩公約》。2009年，在馬英九裁示下，立法院以無保留的方式批准《兩公約》，同時通過《兩公約施行法》，讓《兩公約》在台灣成爲國內法，接著將存放書送交聯合國，只是普遍預期聯合國不會接受台灣的《兩公約》批准書，事後證明也確實如此。至此階段，台灣已準備好接受國際專家審查，並對國際審查後的〈結論性意見〉進行後續追蹤。

2013年國際人權公約審查的程序，包含國際專家名單的選擇、如何建立國家報告的提交方式、委員提出問題清單的方式、民間團體如何提出「平行報告」、在台北召開審查會議的進行方式，以及發表〈結論性意見〉的記者會等，早在2013年之前便經過反覆商討後定案。整體來說，該次審查與聯合國人權公約的審查程序類似，但又嘗試加以改善，如給予民間團體和政府機關更充裕的時間進行深入互動與討論。這一點相當有必要，因爲我國無法將《兩公約》報告提交給聯合國人權條約機構審查，而此次創新的獨立審查程序獲得國際社會廣泛肯定（陳玉潔，2013）。

　　不過，值得一提的是，許多與民進黨關係密切的民間團體與媒體，對於馬英九政府大力推動人權報告審查一直抱持高度懷疑態度。他們認為，基於國民黨過去的人權紀錄，以及馬英九對於中共與北京政府的友善立場，此舉恐怕僅是在炒作話題，製造政治煙霧，並無實質作用。而且在審查程序初期，政府官員和民間團體開會討論國家報告應納入哪些內容時，雙方經常上演激烈的脣槍舌戰。

　　如同郭銘禮檢察官在針對審查過程所撰的簡要報告中所指出，馬英九政府設置府人權委員會後，委員會旋即展開初次國家人權報告撰寫工作，暫時擱置其他業務。郭銘禮檢察官，由法務部指派至府人權委員會議事組擔任主要工作協調人，在我國初次國家人權報告審查工作中居功厥偉。而府人權委員會在會議中，針對各種相關議題的辯論過程不乏針鋒相對、言詞冒犯的情況，如2011年4月12日第三次府人權委員會會議便是一例。該會議最終決議採取與聯合國相符之報告模式，提出我國的初次國家人權報告，這無疑是個極為重要的轉捩點，與此前陳水扁政府自2002年以來，每兩年提出的國家人權報告試行報告的撰寫方式大相逕庭。其實，在2011年1月14日第二次府人權委員會會議中，針對2009年至2011年國家人權報告的撰寫原則，多數委員的意見都還是維持延用先前的體例，而此前數年間，報告的撰寫由行政院人權保障推動小組負責，其幕僚單位為行政院研究發展考核委員會，試行報告中將人權分為三類，分別是公民與政治權利、經濟社會文化權利、少數群體與特殊權利主體之保護。內容撰寫部分，研考會委請學者專家依據各機關資料與其專業領域撰寫該人權報告，而且第二次府人權委員會會議決議，報告之撰寫可徵詢國際人權專家之意見，「但我國不對國際人權專家之意見負責，因為其非我國的國際義務」。針對國家人權報告的定位，府人權委員間一直有不同意見。有些委員認為委員會應更積極主導，甚至不排除直接撰寫報告內容；有些委員則主張委員會應扮演協調的角色，負責指導與監督。此爭論被戲稱為「誰才是主廚？」，以下廚做比喻，研考會從各機關蒐集相關資料，就如同到市場買菜，接著把這些資料交給個人或團體來撰寫國家人權報告，這就如同主廚辦宴席一般，某些委員還曾

主動提出，願意負責撰寫與其專業領域相關的相關內容。但是，依據筆者的評斷，他們的人權專業素養尚不足以提出完善的報告內容。所幸，最終決議府人權委員會應扮演監督、協助角色。

接下來，可以想見，國際審查委員的選任也是府人權委員會的一大難題。其實很早之前，委員會便決定邀請10位國際專家，兩個公約的審查委員會各五名，其中，地理分布、年齡與性別都是考量因素；更重要的是，這些國際專家需具備聯合國或其他國際機構的人權條約審查經驗。在邀請合適人選之後，府人權委員會相當忐忑，不確定這些專家是否願意受邀至台灣，畢竟中華民國已經孤立於國際社會之外近四十年，也頗擔憂亞洲區域的女性專家是否願意回應邀約。最後，在府人權委員會各個委員，以及各民間人權團體的不懈努力下，終於組成一流的國際專家審查小組，協助台灣完成此次人權壯舉。筆者認為，無論當時或現在，這些審查委員能順利應邀來到台灣，個人交情固然是一大因素，但是最重要的原因還是在於，台灣政府與公民社會願意主動遵守國際人權標準，即使尚有種種不盡完善，但確實獲得國際專家信賴。根據可靠消息指出，可能不只一位審查委員在來台之前曾受到婉言勸阻，但最後還是排除萬難到台灣參加會議。

郭銘禮與其他議事組同仁著手與我國政府各部會聯繫，取得各部會的人權報告初稿，以深入瞭解其在人權領域已實行與尚未實行的措施時，各機關往往抱持懷疑、敵意和抗拒的態度。部分原因是，他們還並未真正理解人權精神，但更重要的是，這是出於捍衛自我領土的本能，很少有部會機關會承認自己出現人權缺失，都宣稱遵守國際人權標準。一開始所收到的初稿內容都像是讚頌各自人權成就的公關宣傳，尤其令人沮喪的是，我們無從取得許多重要的統計數據。在國家人權報告的撰寫過程中，政府共舉辦82場的報告草稿審查會議，參與者包含由郭銘禮領導的議事組團隊、政府部會機關代表、民間團體成員等，共同商議初次國家人權報告之撰寫內容。會議通常由府人權委員擔任主席，在政府部會與民間團體代表的激烈爭辯中負責居間仲裁。幾乎每位委員心中都有最討厭的政府部會，如對具備社會福利專業背景的王幼玲委員而言，是

環保署、勞委會、衛生署。草稿審查會議過程中各方反覆進行爭論、商議和妥協，最終經過五次審議後，我國的《公政公約》、《經社文公約》初次報告於2012年4月發布。

　　如上所述，民間人權團體在人權報告產出過程中發揮非常大的影響力，特別是台灣人權促進會與人權公約施行監督聯盟。台灣人權促進會是台灣最早成立的民間人權組織，與民進黨的關係非常密切；而人權公約施行監督聯盟成立初期，由人權活動家黃文雄先生扮演領導角色。他們主張設立獨立的國際審查秘書處，然而此提議在2012年第七次府人權委員會會議中遭到否決。部分原因是，委員會對於何機關部會可勝任此責，難有共識，最後委員會決議，由法務部郭銘禮檢察官領導的團隊擔任審查的秘書處，另外成立一個「七人小組」予以指導監督，其中三位由府人權委員出任，另外四位則為民間委員，會議近尾聲時，當時兼任府人權委員會召集人的副總統蕭萬長迅速做出決議，指派筆者擔任此七人小組的總顧問。

　　審查籌辦期間曾歷經一次重大波折。2012年11月，因為法務部向媒體透露執行死刑的意圖，兩個審查委員會召集人聯名寫信給總統府與法務部，要求在國際審查前不要執行死刑。就在馬總統要求法務部與外交部「妥慎研處」之際，某外交部「知情官員」居然透過媒體指稱國際專家「干涉內政」，反對國際人權標準，因此民間人權團體一度討論抵制國際審查，並退出七人小組（黃嵩立，2013）。

　　在多次交換意見後，國際專家如期抵台參與審查會議。2013年2月25日至27日之間，與政府部會代表及民間團體展開密集對話，取得更多資訊，敦促各方代表表達更明確的立場，並針對許多相關議題向官員質詢。民間人權團體的參與相當積極，認為這是一個向政府施加壓力的大好時機，事實也確實如此。2013年3月1日國際專家召開記者會，共同發布了81點的〈結論性意見〉。

　　在記者會上，國際專家對政府和民間社會組織在本次審查全力以赴的努力大為讚賞，而從〈結論性意見〉中不難發現，專家對於台灣的人權現況有深入瞭解，以直白淺顯的文字直指出許多不符合國際人權標準之處，並督促政府推

動改革，以下是他們建議政府優先改善的項目。

　　首先，專家建議政府將依據《巴黎原則》（第8點和第9點）成立獨立的國家人權委員會列為優先目標。如前文所述，自2000年以來，這個議題就一直是民間團體所關注的問題，但是政府截至2013年為止都尚未有所作為，不過這顯然超出本文範圍，因此不在此細究。接著，則是檢討《兩公約施行法》所定法令及行政措施（第12點和第13點）。

　　國際專家指出，有關經濟、社會、文化之權利，《憲法》在第二章「公民與政治權利」及第十三章「基本國策」之間，做出清楚的位階差異，建議我國政府應更重視《經社文公約》之條款，立法確認具體的經濟、社會與文化權利，且應為司法體系提供與《兩公約》相關之訓練（第14點至第16點）。除此之外，專家亦建議為檢察官、警察及監所管理人員等特定職業團體提供詳細規劃的訓練。專家也批評，台灣各級學校之人權教育課程，過於強調國際人權體系之歷史與架構，並未充分聚焦於《世界人權宣言》及《兩公約》所揭櫫之人權價值與原則（第17點和第18點）。針對轉型正義，專家認為轉型時期尚未結束，需要政府更多作為來促成中華民國（台灣）社會的和解。賠償權應包括被害人在社會與心理層面的復原，也應同時賦予追求真相與正義的權利（第24點至第25點）。此外，性別平等與不歧視（第26點至第29點）以及原住民族權利（第30點至第35點），也是專家十分重視的議題。

　　以上是一般性問題中較重要的部分；另有更特定問題包含：移工與其勞動狀況（第38點至第39點）、最低工資與貧窮線（第40點至第41點）、身心障礙者權利（第42點至第43點）、住房權（第48點至第51點）、針對愛滋病毒感染者之外國人的隱私權（第60點），以及最低結婚年齡、家庭暴力、同性婚姻或同居關係（第76點至第78點）。

　　前文即是〈結論性意見〉的重點，而政府旋即召開一連串的會議，責請相關部會落實後續改善，以符合專家所提要求。府人權委員會也成立四個小組委員會，處理因應專家提出建議中最迫切的問題，其中包含成立國家人權委員會、人權教育的完善規劃、全面檢討現行相關法規命令、行政措施是否有違

《兩公約》之規定、建立人權指標等議題，委員紛紛自願加入各個小組，而筆者擔任其中兩個小組的召集人。

　　四個小組成員各自分頭執行任務，2014年12月5日舉行的府人權委員會第16次會議上，國家人權機構研究規劃小組提出設置國家人權委員會的建議方案：第一，設置完全獨立的國家人權委員會，不隸屬於任何現行政府機關；第二，將委員會設在總統府下；第三，設在行政院之下。此三種方案中，多數委員贊成第一種方案。然而，自從各界於2000年開始研議此案時，監察院便主張其具備國家人權委員會的職能，反對成立新的國家人權委員會，提議應在監察院成立符合《巴黎原則》之國家人權專責機構。2016年4月14日府人權委員會第21次會議上，召集人在聽取成員的意見後，決議需要進一步考量研議，顯然無意繼續推動設置獨立國家人權委員會的議題；此外，召集人強調應在新政府上任前，完成《兩公約》第二次國家報告定稿。

　　府人權委員會的教育訓練小組與許多外部專家和公民團體悉心研議後，於2015年3月26日府人權委員會第17次會議和2015年7月1日的第18次會議中提出報告（「就結論性意見與建議教育訓練相關點次政府機關回應之評論報告」），該報告所提之規劃交由行政院執行，促請各部會、委員會與機關落實規劃之內容（總統府人權諮詢委員會，2015a；2015b），但是各部會並未有任何相應作為。

　　至於府人權委員會的另外兩個小組工作，則多是以審議方式進行，進度較慢，一直到馬英九政府結束執政，他們都還沒有提交報告。

參

　　相較於2013年的初次國際審查，第二次的《兩公約》國際審查順利許多，因為汲取前次經驗，政府部門對程序更加熟悉，各個民間團體參與者的協調度也更高，對自己的人權使命更具信心。此外，無論是國際專家的挑選、政府機

關相關資料的蒐集、對問題清單之回應，以及台北審查會議的安排規劃等，都相當井然有序，但這並不表示毫無瑕疵，事實上還是有不少疏誤。

蔡英文於2016年5月就任總統時，第二次國家人權審查的安排已按規劃時程進行，當時國際審查秘書處諮詢委員會的七人小組中，有一位委員擔心新政府可能對審查的安排有不同想法，幸好，審查還是如期進行。

《兩公約》第二次國際審查會議於2017年1月16日至20日在台北舉行，參與初次審查的10位國際專家中，有六位同意再度參與，雖然其中兩位專家在本次審查初期便因個人健康因素而表示無法繼續參與，最終仍然順利組成《公政公約》、《經社文公約》的審查小組，各有五位經驗豐富、專業獨立的專家擔任審查委員。

在為期一週的審查過程中，專家們可說是夙夜匪懈投入審查工作，筆者認為，就前次的經驗來說，第二次審查時，國際專家對政府官員的提問更為直接，也提出更多犀利批判，專家認為，自前次審查後的三年期間，台灣的人權並未有更多進展，對此也表示遺憾。例如，討論到人權教育時，Virginia Bonoan-Dandan委員明白指出政府這部分的回應，與上一次幾乎一模一樣，請政府代表反思台灣的人權教育背後的價值和目標為何，並盡快著手規劃完整藍圖。此外，政府代表報告廢除死刑的推動進度後，Manfred Nowak教授反問：「為何只有在死刑這個議題上，政府才這麼重視民眾意見？難道民調顯示要歧視少數族群，政府就會遵循這樣的民調結果嗎？」而對政府官員指出美國、日本等先進國家仍然保有死刑時，孔傑榮教授（Jerome A. Cohen）發言表示，台灣務必要意識到自己已是個先進國家，應該要以自身的進步為榮，不應該在此一議題上朝落後的美國與日本看齊。

1月17日，《兩公約》國際審查來到第二天，10位國際人權專家卻顯得有些沮喪，因為與政府代表談論適當居住權與生活水準等議題時，政府代表頻頻出現答非所問的情況，也無法針對問題提出相關資訊。[1] 相對於政府場次，

1　引自人權公約施行監督聯盟的研究員與志工在現場的觀察，請見劉容真、蔡逸靜（2017a；2017b）。

NGO場次中的民間團體則顯得有備而來，其中，人權公約施行監督聯盟表示已於會前集結80個民間團體完成《兩公約》平行報告，且無論是發表報告內容或是與專家對話，都十分從容有序。

　　值得一提的是，新聞媒體對此次審查仍未有太多關注，雖說與2013年初次審查相比可能已有所提升，但幅度並不高。但對於1月20日審查過程中發生的抗議事件，主流媒體倒有詳盡的報導。當天許多維護傳統家庭價值、反對同性婚姻與性平教育的民間團體到場抗議。另外，如反迫遷團體等民間組織，也在審查過程中到會場集結抗議。

　　儘管第二次審查還是有諸多疏誤，但是整體規劃比前次審查更完備妥切，可說已奠定良好基礎。

　　《兩公約》的第二次國家報告國際審查會議經過一週後，國際專家發表78點的〈結論性意見〉，再度重申他們在2013年提出的許多要點，包含建議政府盡速遵循《巴黎原則》成立完全獨立且多元的國家人權委員會、加強人權教育訓練、正視日益惡化的所得不均問題、維護性別平等、保障原住民族權利。專家尤其關切死刑、受拘禁者的處遇，以及如何防止公眾資訊傳播過度集中及新聞台或報紙的併購，還有結婚年齡與同性婚姻等議題。而針對經濟、社會、文化的權利，專家提出較為嚴重的問題在於，外籍家事類勞工、台灣漁船上的外籍漁工、遊民、童工、性與生育健康、雙性戀者權利等。換言之，他們關心的是台灣這個以富足樂善為傲的社會當中，少數貧苦弱勢的權利。這些專家們非常清楚蔡英文總統的立場與人權保障承諾，強烈鼓勵蔡英文總統帶領的新政府「採取更主動積極的態度，朝向全面落實國際人權法邁進」（國際審查委員會，2017）。

　　審查結束後，有三位國際專家繼續留台數日，參與兩場研討會。其中一場為法務部與司法院及歐洲經貿辦事處、英國在台辦事處、法國在台協會、德國經濟辦事處共同辦理的「瞭解〈結論性意見〉及如何在法律上落實座談會」；另一場則是由立法院跨黨派國際人權促進會辦理（司法院、法務部、台灣廢除死刑推動聯盟、人權公約施行監督聯盟協辦）。第一場研討會於1月23日在法

官學院舉行，分別就《兩公約》第二次國家報告〈結論性意見〉涉及《公政公約》第6條、第9條及第14條有關生命權、人身自由及公平審判等點次，說明其內涵及應如何落實於我國司法實務。三位專家與司法院院長、憲法法庭法官、地方法院法官，以及多位學者專家都出席該場座談會。而1月24日在立法院舉行的研討會也同樣在討論相關法規，Riedel教授在會中擔任發表人，針對台灣司法實務需求，說明落實《兩公約》的可行方式，國際專家在研討會中與多位立法院委員、法官、學者交流對話。

　　這兩場研討會的舉行確實是一大突破，歐盟與歐洲各國駐台辦事處多年來積極支持各大學院校與民間團體推動人權之努力，他們在馬英九執政八年期間，對於推動廢除死刑的堅持不懈，可說讓政府頗為頭痛，這麼說並不為過。他們也邀請歐洲學者和專家訪台拜會政府部門，並為政府官員、法官、檢察官開設與法律實務工作相關的主題講座。而此次這兩場研討會意義非凡，首度集聚司法院、立法院、學術界、民間團體、國際專家的力量，為落實國際人權《兩公約》共同努力，其實在2013年的審查過程中，司法院和立法院沒有太多參與，但是，要建立完善的國際人權制度，這兩院絕對不可缺席。

肆

　　新的政府和公民團體將如何因應國際專家所提出的挑戰？眾所周知，蔡英文總統在競選期間以及就任後兩年期間曾明確承諾，要改革司法制度、建立國家人權委員會、推動轉型正義（包含處理原住民族的歷史不正義、取回國民黨疑以不當方式取得的黨產），並進行退休年金改革。2016年7月22日，舉行新政府上台後的首次府人權委員會會議，由陳建仁副總統擔任召集人，各界對此會議期望很高。會中針對「國家人權委員會」設置方式進行虛擬投票，有16位委員認為應設於總統府之下，九位委員認為國家人權委員會應具獨立地位，10位委員認為應設於監察院之下，召集人決議表示，會後呈請總統鑒核，預計當

年年底將有結果（Huang, 2018）。

2017年4月6日，府人權委員會召開會議，討論國際專家報告的後續行動。會議間，委員花費許多時間討論議事組所提出的議事運作精進方案，該方案建議將委員會成員分成三個小組，分別為「《公政公約》小組」、「《經社文公約》小組」以及「共通議題及其他公約小組」，各組設置一名召集人，將來提案或人權建言的處理都以各分組名義提會討論。這個新程序似乎相當複雜，並且不利於委員間的自由意見交流，因此筆者對此方案持反對意見。

當前述三個小組展開密集討論，依據第二次〈結論性意見〉的順序逐一研議後續改善措施，行政院也同時舉辦一系列的跨部會點次審查會議。其實兩者主旨相同，差別在於這些由行政院主導的會議，各部會機關都得更振作精神認真對待。2017年10月27日舉行該系列的第七場次會議，由新任政務委員羅秉成先生主持，討論與檢討議題範圍很廣，主要議題如下：

一、如何定義酷刑？台灣政府對於酷刑的解釋是否太過狹隘，與《公政公約》之規定不符？

二、監獄收容人的生活條件，他們的權益是否受損？但咸認因為此議題牽涉層面較廣且複雜，同時需要許多政府部門協同處理，因此羅主席表示此議題留待下次開會再議。

三、有關第78點中制定國家人權行動計畫的部分，此議題在會議中引發不小的爭辯，最後以折衷方式處理。有關落實本次78點〈結論性意見〉相關缺失為主之短期計畫，仍由法務部議事組主責，而一個全面性且融入人權指標概念的國家人權行動計畫，目前尚無法達成。羅主席做出結論，表示後續是否發展宏遠之國家人權行動計畫，就由行政院人權保障推動小組續行討論。

毫無疑問，這種折衷方式是正確的選擇，然而讓筆者大為不解的是，議事組堅稱目前著手進行的國家人權行動計畫，所使用的人權指標與聯合國所採之人權指標內涵相符，但在2018年6月29日召開的府人權委員會第32次會議中，委員已明確指出議事組此一說法並非事實。

　　至於實質性問題，民間團體和學術界似乎再怎麼努力推動改革都無法撼動兩個重大議題——廢除死刑以及依據《巴黎原則》成立國家人權委員會。蔡英文總統過去一年內都未對此議題正面發表意見，近期回應表示，法律現階段還沒有廢除死刑（邱采薇，2018），時任法務部長強調，政府目前沒有理由貿然停止執行死刑。後來，顯然受到輿論壓力，於2018年8月31日執行家暴殺人犯李宏基的死刑（林孟潔、王聖藜，2018）。

　　此外，人權教育訓練需要政府優先關注，國際專家在2013年和2017年都強烈建議，政府當局應盡速辦理相關的人權教育訓練。然而，多年來，正規教育體制對於人權教育的推動始終缺乏系統性，時至今日依然缺乏全盤規劃。

　　在2017年6月總結的總統府司法改革國是會議中，與會人員針對司法行政制度與人民參與司法等議題進行熱烈討論，但實際上通過的具體提案卻少之又少，也並未實際執行，顯然一切還是懸而未決。

　　2018年5月促進轉型正義委員會（下稱促轉會）依法正式成立，隸屬於行政院，但成員名單遭到各界批評，尤其主委由黃煌雄擔任更是引發諸多質疑，可說出師不利。國民黨及其支持者認為促轉會是新政府用來摧毀國民黨的工具，若干知名學者和民間團體質疑黃煌雄並不適任。筆者撰寫本文期間，促轉會宣布將優先蒐集各政府機關有關威權統治時期政治異議分子遭迫害的相關資料，此後，也將擇期處置目前立於公共場所或建築物之緬懷或紀念過往威權統治者的象徵。

　　談到改善都市貧民、原住民族與外籍移工等弱勢族群的人權狀況，我們很難期待政府推行徹底的改革。原因是，基本上執政黨與政府以及銀行家、富商等資產階級的關係實在過於密切，因此政黨高層往往缺乏扭轉現況的意願和決心。就這方面來說，蔡英文民進黨政府與先前的馬英九國民黨政府並沒有兩樣。

伍

〈結論性意見〉的後續追蹤，讓政府和公民團體有機會好好評估和省思台灣目前的人權狀況。這兩次審查，國際專家爲台灣做出寶貴貢獻；然而，若要期待台灣人權在未來幾年中出現重大進展，恐怕並不實際。最大的障礙可能是政府高層欠缺改革動力，以及執政黨與政府跟富商權貴之間過從甚密。多年來，勞工階級、移民、原住民族遭受最嚴重的歧視和不公平待遇，至今仍未改善。有關反廢死和反同婚，其背後的重大支持力量來自社會上保守與迷信的傳統價值觀。不過，這股傳統勢力正逐漸式微，畢竟經濟和社會快速發展，人權教育不斷普及，即使進展牛步，卻也很難回到過去。而政府官僚體系可以說就是保守與被動的代名詞，往往拒絕主動採取行動，對各自管轄範圍與特權非常敏感；不過他們也是訓練有素的公務人員，對於上級長官的政策命令非常遵從配合。

綜上所述，若要有效落實〈結論性意見〉的後續改進措施，關鍵在於喚起政治高層對人權議題的關懷，說服並敦促他們投入人權的推展。另外，爲人民與公務員開設人權教育訓練課程，宣導人權保障意識，這部分也不可或缺。我們必須摒棄迷思與迷信，動員公民力量、以選票發聲、與違反人權的政府機關與企業對簿公堂、制定新法或修訂現行法律，以確保政治菁英與官僚體系恪遵台灣已簽署並批准的國際人權法規。來自國際社會的支援相當寶貴，少了這些專家的支持，台灣的人權也無法昂首闊步走到現在；然而，眼下仍有太多不足，亟需全民共同努力。

參考文獻

Chen, Shui-bian. 2000. "President Chen's Inaugural Address" [Press release]. 20 May 2000. Taipei: Office of the President, Republic of China (Taiwan). In https://english.president.gov.tw/NEWS/2643.

Huang, Mab. 2018. "A National Human Rights Commission for Taiwan?" In Jerome A.

Cohen, William P. Alford, and Chang-Fa Lo eds., *Taiwan and International Human Rights: A Story of Transformation*: 115-128. Springer.

王平宇。2003。〈人權公約二法，民進黨提復議〉。《自由時報》。http://old.ltn. com.tw/2003/new/jan/9/today-p10.htm。

王幼玲。2013。〈參加國家人權報告撰寫的奇幻之旅〉。《台灣人權學刊》，第2卷第1期，頁107-121。

立法院公報。2001。立法院第四屆第五會期第11次會議。

立法院公報。2002。立法院第五屆第二會期第15次會議。

林孟潔、王聖藜。2018。〈蔡總統任內首執行死刑 法部簽准槍決李宏基〉。《聯合報》2018/9，A1版。

邱采薇。2018。〈蔡總統：法律現階段還沒廢死〉。《聯合報》2018/7/24，A4版。

國際審查委員會。2017。〈對中華民國（臺灣）政府關於落實國際人權公約第二次報告之審查 國際審查委員會通過的結論性意見與建議〉。中華民國法務部。

陳玉潔。2013。〈對台灣人權報告國際審查的一些觀察〉。《台灣人權學刊》，第2卷第1期，頁161-165。

黃嵩立。2013。〈從公民社會的角度觀察初次國家人權報告的撰寫和審查〉。《台灣人權學刊》，第2卷第1期，頁123-131。

劉容眞、蔡逸靜。2017a。〈兩公約國際審查：人權立國遭質疑，社會共識成遁辭〉。http://pnn.pts.org.tw/project/inpage/450/48/132。

劉容眞、蔡逸靜。2017b。〈兩公約國際審查：台灣模式漸明朗，政府態度仍敷衍〉。http://pnn.pts.org.tw/project/inpage/451/68/132。

總統府人權諮詢委員會。2015a。總統府人權諮詢委員會第17次委員會議結論。

總統府人權諮詢委員會。2015b。總統府人權諮詢委員會第18次委員會議結論。

蘇友辰。2002。〈論國家人權委員會的角色與地位〉。《國家政策季刊》，第1卷第2期，頁1-32。

第二篇　兒童權利公約與身心障礙者權利公約

編輯說明

　　本篇收錄者，為《台灣人權學刊》於第4卷第4期（2018年12月出刊）「人權論壇」單元所發表的評論文章，論壇主題為《兒童權利公約》以及《身心障礙者權利公約》的首次國家報告審查。當時，衛生福利部社會及家庭署（社家署）已在《社區發展季刊》發表四篇報告，說明台灣推動《兒童權利公約》與《身心障礙者權利公約》的歷程，以及政府辦理國際審查的狀況，「人權論壇」乃邀請學者專家，針對這四篇報告進行評論並分享其觀察；而為了方便讀者掌握學者專家評論的脈絡，當時也在徵得社家署同意後，刊登四篇報告的摘要版，與評論文章一起刊登。以上說明，希望有助讀者瞭解本篇第十章至第十三章寫作的脈絡；而有意閱讀社家署報告的讀者，可參閱以下文章：

- 簡慧娟、吳慧君。2017。〈兒童權利公約推動歷程與未來挑戰〉。《社區發展季刊》，第157期，頁42-53。
- 簡慧娟、宋冀寧、李婉萍。2017。〈從聯合國身心障礙者權利發展脈絡看臺灣身心障礙權利的演變——兼論臺灣推動「身心障礙者權利公約」的歷程〉。《社區發展季刊》，第157期，頁151-167。
- 簡慧娟、蕭珮姍。2018。〈兒童權利公約首次國家報告國際審查歷程與結論性意見的挑戰〉。《社區發展季刊》，第162期，頁4-14。
- 簡慧娟、吳宜姍、陳柔論。2018。〈我國推動聯合國身心障礙者權利公約歷程及未來展望〉。《社區發展季刊》，第162期，頁99-106。

林沛君

壹、前言

　　2015年3月，聯合國兒童權利委員會前主席Jakob (Jaap) E. Doek教授應兒少民間團體邀請來台，參與有關《兒童權利公約》（*Convention on the Rights of the Child*, CRC）的研討會及工作坊。筆者記得，針對即將舉行之「中華民國《兒童權利公約》首次國家報告」（以下簡稱「CRC首次國家報告」）審查，Doek教授對當時參與CRC工作坊的近20個民間兒少團體表示，兒少民間團體在落實CRC的過程中，應該要與政府成為「夥伴關係」（partnership），一方面監督政府，但同時也盡可能地提供協助。

　　本次評論之兩篇文章〈兒童權利公約推動歷程與未來挑戰〉（簡慧娟、吳慧君，2017）及〈兒童權利公約首次國家報告國際審查歷程與結論性意見的挑戰〉（簡慧娟、蕭珮姍，2018），清楚回顧並描述了我國長期推動CRC的歷程。該兩篇文章中詳細說明我國推動CRC之國內法化、辦理CRC首次國家報告及該報告〈結論性意見與建議〉（下稱〈結論性意見〉）之工作狀況，由內文亦可觀察到兒少民間團體於此段過程中扮演極為重要的角色——不論是自1992年由台灣展翅協會等肇始之推動運動、[1]2014年《兒童權利公約施行法》（下

* 本文原刊登於《台灣人權學刊》，第4卷第4期，2018年12月，頁105-110。

[1] 〈兒童權利公約推動歷程與未來挑戰〉一文中描述1992年「『國際終止童妓協會台灣委員會』（2009年7月更名為『台灣展翅協會』等非政府組織（下稱NGO）開始推動簽署或加入CRC運動。2000年『中華民國兒童人權協會』也結合其他27個民間團體成立『台灣加入聯合國兒童權利公約推動聯盟』，藉以提升及改善國內兒童人權，NGO並就我國加入CRC持續向聯合國進行遊說）；以及2012年國內關心兒童人權的民間團體再度結合成立『推動兒童權利公約國內法化民間團體行動聯盟』，倡議以施行法方式推動CRC。兒少團體為推動《CRC施行法》，透過記者會、拜會行政和立法部門，並草擬『CRC施行法』草案」（簡

稱《CRC施行法》）之倡議，乃至於現階段之後續實踐工作，皆可觀察到兒少民間團體的努力不懈與影響力。

因此，本文擬著重於兒少民間團體之觀察角度回應該兩篇文章，並就我國落實CRC之現況提出些許淺見，期望能對逐步實踐CRC規範的工作提供幾點思考。

貳、NGO倡議與推動CRC的歷史脈絡

一、CRC草案協商的過程

在國際的層面上，依據國外學者對於CRC草案協商的歷史回顧，NGO自草案協商初期即對CRC展現相當之動能，更集結力量成立一「特別NGO小組」（Ad Hoc NGO Group），針對條文草案提出一系列建議供各國政府代表參考（林沛君，2017）。值得一提的是，幾乎整部公約的內容皆可觀察到NGO的影響力（Cohen, 1990）；特別是其中40項實質條文中，至少有13項係由NGO所提出，例如締約國應積極宣導公約之精神與規範，促進其國人對於CRC的認識、[2] 兒少性剝削相關條文及兒童被害人的身心回復與重返社會等（Cohen, 1990），聯合國兒童基金會（UNICEF）亦指派專家代表就草案版本進行評估。儘管部分NGO的主張最終並未獲得通過（例如非婚生子女的權利保障）（Cohen, 1990），但著名兒童權利學者Cantwell（1992）仍指出：「正因為NGO所能汲取之專業深度，加上其凝聚力與審慎準備，使其能對這樣一份鮮見之完整公約的許多層面帶來影響。」[3] 而這些NGO於CRC制定後，仍持

慧娟、吳慧君，2017：2、3）。

[2] 即CRC第42條至第45條，其中包括「國家有義務以適當及積極的方法，使成人與兒童都能普遍知曉公約之原則及規定」及兒童權利委員會之職責範圍等。

[3] Nigel Cantwell亦為受邀參與我國CRC首次國家報告五位國際專家之一。Cantwell曾以NGO協調員身分參與CRC起草過程，並曾擔任2009年聯合國兒童替代性照顧準則推動的首席顧問（衛生福利部社會及家庭署網站）。

續致力於CRC落實的監督及提供兒童權利相關之教育訓練（林沛君，2017）。

　　由此可見，NGO對於形塑兒少為權利主體的CRC核心理念，有莫大貢獻。NGO除了在不同人權領域具廣泛專業及實務經驗外，其亦是民眾與政府之間的溝通橋梁。而有別於《公民與政治權利國際公約》、《經濟社會文化權利國際公約》及《消除對婦女一切形式歧視公約》（下稱《消歧公約》）等其他人權公約，聯合國大會最終通過的CRC第45條則特別載明，兒童權利委員會得邀請「各專門機構」提供專家意見，[4] 亦顯示出公約制定者對於NGO日後協助落實CRC的期待。

二、我國《CRC施行法》的倡議與實踐

（一）制定《CRC施行法》與否的爭議

　　2009年，立法院三讀通過《公民與政治權利國際公約及經濟社會文化權利國際公約施行法》（下稱《兩公約施行法》），開啟後續《消歧公約》、CRC及《身心障礙者權利公約》（下稱《障權公約》）之國內法化。儘管有《兩公約施行法》的立法模式可供依循，由10多個兒少民間團體所組成的兒少團體聯盟亦強力呼籲透過制定施行法的方式，[5] 讓CRC成為我國內法，以確實保障兒童少年權益；[6] 惟誠如〈兒童權利公約推動歷程與未來挑戰〉（簡慧娟、吳慧

4　該條部分內容為：「為促進本公約有效實施並鼓勵在本公約所涉領域之國際合作：(a)各專門機構、聯合國兒童基金會與聯合國其他機構應有權指派代表出席就本公約中屬於其職責範圍之相關條款實施情況之審議。委員會得邀請各專門機構、聯合國兒童基金會以及其認為合適之其他主管機關，就本公約在屬於其各自職責範圍內領域之實施問題提供專家意見。委員會得邀請各專門機構、聯合國兒童基金會與聯合國其他機構就其運作範圍內有關本公約之執行情況提交報告。」

5　即「推動兒童權利公約國內法化民間團體行動聯盟」，其成員包括台灣展翅協會、兒童福利聯盟、勵馨基金會、至善社會福利基金會、台灣關愛之家協會、台灣少年權益與福利促進聯盟、台灣兒童暨家庭扶助基金會等。

6　該聯盟於2013年底至2014年初曾拜會政府部會並提出《兒童權利公約國內法化說帖》，該部分之內容主要為「馬英九總統於2012年接見聯合國兒童權利委員會前主席Jaap E. Doek時曾表示，儘管我國失去聯合國代表權，但可透過制定施行法的方式，讓該公約成為我國內法，以確實保障兒童少年權益。聯盟在此呼籲：一、政府除宣示外，更應有實際作為，向國際社會展現我國對兒少人權的重視，與願遵守落實《兒童權利公約》的決心；二、繼

君，2017：4）乙文所述，究竟是否應以制定施行法的方式將CRC國內法化，當時亦歷經一番爭辯與討論。進一步而言，衛生福利部曾於2013年委辦「推動聯合國兒童權利公約委託計畫」，針對CRC可能之國內法化方式邀請政府部門及民間團體代表召開多次座談會，其中對於制定《CRC施行法》之顧慮包括「依《兩公約》及《消歧公約》推動經驗觀之，後續推動所需行政資源龐大，恐排擠現有推動業務之人力與行政資源；又目前《兒童及少年福利與權益保障法》及相關法規對於CRC所規範之事項多已納入規範，在現行法規已有規範及維護法安定性前提下，另立新法，將因法令過多導致適用疑義⋯⋯」。[7]

　　由《CRC施行法》實施至今以觀，依循《兩公約施行法》及《消歧公約施行法》，以制定施行法模式將CRC國內法化，對於確立各項落實工作（如法規檢視、首次國家報告），並要求政府部門於相關時程內完成施行法之要求，確有其效果。此外，就兒少民間團體及兒少而言，亦有更多機會與政府針對各項兒少議題進行對話，並以CRC標準及前開各項落實工作為基準，聚焦於兒童權利如何具體實踐。惟是否有如前述所顧慮「恐排擠現有推動業務之人力與行政資源」之情形，目前則無相關資訊可供進一步評估。但不論是法規檢視、首次國家報告之籌備或〈結論性意見〉的落實，在歷經首次辦理之經驗後，相信未來相關政府部會於檢討評估時，亦能汲取經驗摸索出更有效率之執行方式。

（二）首次國家報告及國際審查籌備作業

　　〈兒童權利公約推動歷程與未來挑戰〉文中清楚描述CRC首次國家報告之撰寫過程及國際審查籌備經驗。筆者自2016年起即以民間身分參與相關會議，

《消除對婦女一切形式歧視公約》、《公民與政治權利國際公約》與《經濟社會文化權利國際公約》的國內法化之後，《兒童權利公約》及其已生效之任擇議定書的國內法化應是現階段最為重要的議題；三、我國既尊重人權並致力建構國際人權之內國法制，對於普遍性最高、且對國家社會的今日與未來影響甚鉅的《兒童權利公約》之國內法化，就更應立即採取行動！」

[7]　詳衛生福利部代表於立法院之「兒童權利公約施行法草案『案審查報告』」，立法院第八屆第五會期第九次會議議案關係文書，院總第1684號，委員提案第16115號，2014年5月7日印發，頁410。

並代表台灣兒童權利公約聯盟出席「CRC首次國家報告國際審查諮詢小組」會議，於過程中就本次國際審查之五位審查委員人選之擬定、整體審查流程之規劃及掌握給予高度肯定。除Jakob (Jaap) E. Doek教授於兒童權利委員會擔任多年主席的當然不二人選外，其他委員亦皆曾擔任聯合國兒童權利委員會委員、曾參與CRC之起草或積極投入與兒童權利之相關研究工作，且具不同兒童權利領域之專長，只不過未能邀請到亞洲代表參與，實屬小小遺憾。

（三）兒少參與：期待政府鼓勵更多元的兒少代表表達意見

CRC中有關兒少被傾聽的權利，強調參與其本身即為一個促進資訊分享，及兒少與成人相互尊重並進行對話的過程（兒童權利委員會，第12號一般性意見）。本次CRC國家報告審查可以觀察到兒少廣泛的參與，審查委員於〈結論性意見〉亦特別指出兒少的參與對審查會議至關重要。此次國家報告審查會議中有七份兒少報告，並有68位兒少參與審查會議與五位審查委員進行不公開對話，實屬不易。除了NGO的協助外，誠如〈兒童權利公約首次國家報告國際審查歷程與結論性意見的挑戰〉乙文中所述，透過政府補助鼓勵NGO培力兒少表達觀點及自身經驗亦是關鍵。未來期待政府部門及民間團體除於各個層面（如兒少代表、兒少議會等）鼓勵兒少參與及持續確保兒少意見表達之管道外，亦能更關注弱勢兒少及少數族群兒少的代表性，投入更多的心力與資源於這群兒少的參與權，以確實達到平等保障兒少的公約精神。

參、對於如何落實結論性意見的建議

本次五位國際審查委員提出高達98點之〈CRC首次國家報告國際審查結論性意見〉，數量上是其他鄰近國家首次CRC國家報告〈結論性意見〉之2倍至3倍之多。[8]而此當然是反映了我國所採取之特殊審查模式——不僅政府、兒少

8　例如日本跟新加坡第一次CRC〈結論性意見〉為49點，南韓為32點，而紐西蘭則為33點。

團體及兒少代表皆有機會與委員進行更長時間、更深入的對話，委員們來台前的準備工作，包括問題清單的提出及各項資料之閱讀準備等，亦是聯合國兒童權利委員會一般國家報告審查所難以企及的。不難想像，對政府部門而言，98點〈結論性意見〉應如何逐一落實，確實是一項龐大的工程。實則，在聯合國人權公約中包括《消歧公約》、《障權公約》等，皆有採行所謂的「追蹤程序」（follow-up procedure）機制，亦即於〈結論性意見〉中敘明應首先落實之項次，建議締約國於〈結論性意見〉公布後一年內優先落實。該等機制一定程度上反映出，各締約國落實人權公約國家報告審查〈結論性意見〉的經驗──項次太多、過於複雜的〈結論性意見〉，將不利於締約國聚焦的困境。儘管CRC國家報告並無後續追蹤之相關規範，但此一機制設計之精神及具體步驟，仍不失為政府部門落實CRC〈結論性意見〉之參考。

肆、結語

筆者自2016年初起即以民間團體代表身分參與本次國家報告審查之籌備諮詢，過程中深感各界對於國際專家來台審查我國兒少權利實踐狀況的高度期待，以及衛生福利部承辦工作人員投入之心力。而這段由倡議《CRC施行法》到逐步落實〈CRC首次國家報告國際審查結論性意見〉的歷程，對政府部門、兒少民間團體及其他積極參與者而言，實具有重新認識及體認何為兒童權利的重大意義，這也正是人權公約國內法化最重要的目標之一。衷心期待國際審查〈結論性意見〉能穩健的逐一落實，以使國內兒少權利的保障能與國際的人權標準同步，為國內兒少帶來一個嶄新的未來。

參考文獻

Cantwell, Nigel. 1992. "The Origins, Development and Significance of the United Nations Convention on the Rights of the Child.?" In Sharon Detrick ed., *The United*

Nations Convention on the Rights of the Child: A Guide to the "Travaux Prepara-toires": 19-30. Netherlands: Springer.

Cohen, Cynthia. 1990. "The Role of Nongovernmental Organizations in the Drafting of the Convention on the Rights of the Child?" *Human Rights Quarterly* 12(1): 137-147.

林沛君。2017。《兒童權利公約在台灣的國內法化——以離婚後子女親權行使與兒少安置案件中兒童及少年被傾聽的權利為例》。國立政治大學法律學博士論文。

簡慧娟、吳慧君。2017。〈兒童權利公約推動歷程與未來挑戰〉。《社區發展季刊》，第157期，頁42-53。

簡慧娟、蕭珮姍。2018。〈兒童權利公約首次國家報告國際審查歷程與結論性意見的挑戰〉。《社區發展季刊》，第162期，頁4-14。

衛生福利部社會及家庭署。〈中華民國兒童權利公約首次國家報告國際審查委員會〉。聯合國兒童權利公約：CRC資訊網。https://crc.sfaa.gov.tw/crc_front/index.php?action=member。最後瀏覽日期：2018/9/28。

聯合國兒童權利委員會。2009。〈第12號一般性意見書〉。聯合國兒童權利公約：CRC資訊網。https://www.cylaw.org.tw/about/crc/28/144。

黃慈忻

壹、前言

　　台灣自2014年公布並施行《兒童權利公約施行法》（下稱《兒權公約施行法》）；2016年公布首次國家報告；2017年完成首次國家報告國際審查，並由五位國際專家學者發表〈結論性意見與建議〉（下稱〈結論性意見〉）；2018年政府各部會和民間團體透過多場會議討論從〈結論性意見〉出發的「全面性國家行動計畫」。幾年之間，從中央到地方各種關心兒少事務的個人和團體如雨後春筍、風風火火地聚焦於「兒童權利」。猶記在2015年到2016年準備首次國家報告的會議期間，非政府組織（下稱NGO）的席次總是三三兩兩，看來看去都是長期耕耘兒少議題的老面孔；到了2018年的全面性國家行動計畫討論時，許多家長團體甚至兒少本身都加入了議題的討論，在各自闡述對「權利」的主張時，「權力」的拉扯也在過程中展露無遺。以下簡述近幾年參與《兒童權利公約》（下稱《兒權公約》）從政策發展到實務應用的觀察與省思。

貳、與時俱進的「兒童人權」

　　協助成人與兒少瞭解《兒權公約》的過程中，即使是專業人員，也容易對中文聽起來一模一樣的「權利」（rights）和「權力」（power）產生認知上的混淆。以下列舉成人常見對「兒童權利」的反應：

---

* 本文原刊登於《台灣人權學刊》，第4卷第4期，2018年12月，頁111-118。

「現在小孩都爬到頭上了，我想大人才需要什麼公約保障吧！

跟小孩講『權利』的時候，一定也要強調『義務』，不要讓小孩覺得什麼事情都是理所當然，他（她）一定也有所付出，才能得到他（她）想要的。『兒童權利』很好，可是不要太激進！像是上街抗議就不太好，學生的本分還是要念書，不要去搞有的沒的。其他國家，比如說敘利亞，應該是大家都可憐，整個國家都沒人權。但台灣小孩真正沒權利的應該是少數，真的很可憐的，比如說家暴那種。真正瞭解小孩需要什麼的是『家長』、最能夠主張兒童權利的是『家長』，我們不能讓一堆號稱『專家』，可是卻從來沒有生養過子女的人來決定什麼是小孩需要的。從學校到政府都是，任何會議都應該要有家長代表。」

筆者參考英國UNICEF彙整的《兒童權利迷思》（*Myths And Misconceptions: About the Convention on the Rights of the Child*）（UK UNICEF, n.d.）所進行的社工問卷調查[1]也發現，超過一半的受訪者贊同以下論述：

「《兒權公約》不僅保障兒少的權利，也規範他們應盡的責任（With rights come responsibilities.）。

生存權是最重要的權利，應當優先重視，其次才是教育權或參與權（Some rights are more important than others.）。

教導未成年人兒童權利雖然會提高他們的自主意識，但也會增加親子衝突以及成人權利的剝奪，任何參與兒少工作的人都應當要特別留意（The Convention is a useful tool to control children's behavior at school.）。

18歲以下的兒少受到《兒權公約》的保障，18歲以上的成人則有其他的人權公約保障（When you turn 18, you have new human rights that are just for adults.）。」

---

[1] 網路問卷調查共計二次，第一次的調查對象為現職家扶基金會的實務工作人員，包含督導與社工（施測日期：2018/6/15-7/15），共計151人。第二次的調查對象為參加由兒童權利公約聯盟所舉辦的兒少參與工作坊成員，與會者皆為目前從事與兒少事務相關的NGO人員（施測日期：2018/9/12-9/20），共計42人。

　　從多數成人認同上述似是而非的論述，不難看出要在台灣推動人權教育，除了從學校教育扎根讓兒少從小瞭解自己的權利，更重要的是，也必須讓成長過程中可能從未經歷過人權教育、面對一黨獨大政府公然迫害人權而噤聲的成人，重新學習人權的重要性與意涵。

　　回顧《兒權公約》的發展軌跡可發現，當代社會對於人權的見解，及至認定兒童是否可被視爲「完整的個人」，具有哪些與生俱來不可侵犯與剝奪的「權利」，都是經歷千迴百轉的思辨。從十九世紀末有心人士對於「童工」的關注，開始了社會各界對於「童年」的不同見解。接著第一次世界大戰後，Eglantyne Jebb女士在英國倫敦創立了Save the Children，協助受到戰爭而流離失所孤苦無依的兒童。Mulley（2010）認爲，Jebb並非是一個典型對兒童有特別喜好的慈善家，她甚至經常稱呼兒童是小可憐（little wretch）。然而，Jebb在1923年所起草的《日內瓦兒童權利宣言》（*Declaration of the Rights of the Child*），認爲兒童必須擁有獲得正常發展所需的物質與精神要件，兒童不應受到任何形式的剝削，兒童應當免於飢餓，獲得合適的醫療照顧，不受虐待，觸法行爲受到矯正，免於流落街頭。即使Jebb對童年的定義仍傾向爲發展的過渡階段，但強調教育與福利對兒童的重要性，她的倡議可說是奠定兒童權利的基礎。

　　在英吉利海峽的另一端，波蘭的尤太醫生雅努什・柯札克（Janusz Korczak）從自己家道中落所體驗的貧窮、歐洲社會對於尤太人日漸高漲的敵意、戰時擔任軍醫以及陸續走訪歐洲各孤兒院的所見所聞，形塑了他對「兒童權利」的革命性創見。有別於Eglantyne Jebb聚焦於兒童的脆弱性，著重兒童應當受到保護才能確保基本的生存與發展。柯札克透過孤兒院的兒童議會、兒童法庭、普遍性的兒童報紙等各種創舉，以及他以10歲國王爲主角，描述兒童如何以獨到的眼光，處理各種人際需求與國家衝突的經典文學《麥提國王執政記》（2018），在現實生活中實踐他根本上把兒童視爲一個完整個體的理念。他強調，「兒童不是明日的主人翁，他們就是今天的主人（Children are not the people of tomorrow, but are people of today.）」（Council of Europe and Korczak,

2009: 7）。他也認爲，兒童權利不應當是一種慈善的施捨（begging of charity），他堅持成人與兒童應該獲得相等的尊重，「兒童也值得尊重。他或許還弱小、不瞭解很多事情、也無法做很多事情。但是他的未來──他長大後即將成爲的樣子──使我們必須尊重他，就像我們尊重長者一樣（The child too deserves respect. He is still small, weak. He does not know much, he cannot do much as yet. But his future－what he will be when he grows up－commands us to respect him as we respect the old.）」（Council of Europe and Korczak, 2009: 7）。

　　雖然，柯札克最後與他竭盡心力所照顧的200名兒少喪生於二次世界大戰尤太集中營內，但他對兒童的洞見也彰顯在日後《兒權公約》最爲先進的「兒童參與和表意」（rights to be heard and to be taken seriously）。將近半世紀的討論後，聯合國大會在1989年11月20日通過《兒權公約》，196個國家陸續簽署（包含除了美國以外的所有聯合國會員國），成爲世界上最多國家簽署的聯合國人權公約。Eglantyne Jebb女士與雅努什・柯札克醫生的理念，也成了兒童人權的「核心原則」（principles of child rights）：第2條不歧視（non-discrimination）、第3條兒童最佳利益（best interests of the child）、第6條生活與發展權（the rights to survival and development），以及第12條兒童觀點（the views of the child）。聯合國兒童權利委員會也從2001年陸續發表對於公約內各項議題的一般性意見書──第1號意見書闡述教育目的、第3號說明HIV/AIDS與兒童權利的關聯性、第4號及第20號與時俱進地討論兒童在青春期階段所需要的各項權利、第8號禁止體罰、第9號至第11號分別關注三個最常被忽視的兒童族群：身心障礙、司法矯正、原住民，及至2017年第22號和第23號意見書，聚焦國際遷移下的兒童權利以及遷入國和遷出國政府應盡的責任。換句話說，《兒權公約》雖然即將邁入三十週年[2]，但權利內涵的解釋並不是停留在1989年，而是隨著全球局勢的變遷和實證研究的發現而逐步更新和調整。

　　因此，當政府部門在國際審查後的檢討報告提出加強人權教育的落實時，

2　編按：以本文寫作的2018年計算。

更需要去思考的是「怎麼落實」和「誰需要被落實」。自2014年之後，從中央到地方的政府部門陸續進行《兒權公約》訓練，衛生福利部社會及家庭署也依據六種權利別（公民權及自由權、受照顧權、基本健康及福利權、教育休閒及文化權、特別保護措施、其他）蒐集師資名單以供機關團體邀請人員進行兒童權利教育。[3] 然而，以筆者實際擔任講師和學員的雙重經驗觀察，多數教育訓練都是三個小時的講座，人數從30人至80人不等，且聚焦在初階的「認識」《兒權公約》，包括了歷史脈絡與公約大略的要義；而且，從名單上以權利來進行師資分類的方式即可看出，即使是進階的教育訓練，也往往視團體的屬性（例如：教師、教保人員、警察）而聚焦在特定的權利別上。然而，這種幾乎是單向的講座訓練，有限的時間往往壓縮了參加學員透過團體討論，進行根本性人權價值思辨的機會。

舉例而言，1989年時，手機是極少數人的奢侈品；而今，手機已經成為多數人的必需品。從手機衍生的兒童人權議題就包含了：暴露於電子產品的使用，是否影響兒童腦部的發展？手機是否影響學生在學校的學習？如何確保兒童使用手機及其應用程式的隱私？手機是減少了溝通的障礙（相隔兩地的人可以視訊瞭解動態），抑或增加了對話的隔閡（青少年不再面對面溝通，而傾向以表情符號或貼圖來表達）？看似簡單的科技產物，實則牽涉許多「兒童最佳利益」的討論，以及過程中使用者是否有機會能夠「表達意見」並且被採納。在筆者實際於安置機構協助兒少進行認識《兒權公約》的工作坊裡，就常聽到許多孩子對於不能使用手機的義憤填膺，有些孩子甚至認為公約應當賦予其「使用手機的權利」。

其實，科技永遠日新月異，三十年前的《兒權公約》從未著墨任何實體科技產物的必要性。多數機構工作人員禁止安置兒少使用手機的原因，也來自於憂心兒少使用手機與具有攻擊性的原生家人聯絡，連帶影響兒少本身與整體

3　詳細清單可於《兒權公約》資訊網下載，https://crc.sfaa.gov.tw/crc_front/index.php?action=content&uuid=5dde6952-0464-4a76-aef5-1620484c5b59。

機構的安全。然而，公約提到了兒童需要獲得適當的資訊，以協助其對周遭事務的理解（第17條）、兒童有從事適合其年齡之遊戲和娛樂活動的權利（第31條）、兒童具有不與父母分離的權利（第9條）。當手機作為實踐上述權利的一種方法時，成人確實有必要仔細思考，排除這項方法時是否會造成權利的剝奪？是否有替代的方法可以保障這些權利？更重要的是，不管是幾歲使用手機、使用什麼樣的手機、在什麼情境下使用手機，回歸到《兒權公約》核心原則，使用手機的人、事、時、地、物，其實是需要成人與兒童一起討論，甚至訂定規範。同時，讓兒童在充分被告知的情形下，瞭解使用手機對於自己的可能影響。換句話說，「兒童最佳利益」並非是單方所認定，而是兒童與成人雙方觀點交流的過程。許多觀點的形塑往往立基於個人的主觀經驗，而非科學客觀的事實，當成人先入為主地因為兒童的年齡和經驗而貶抑其論述，本質上就是一種對於兒童人權的否定。

　　因此，強化任何成人對於兒童人權的教育，除了基本的概念與歷史講述，更重要的是人權價值觀的思辨。特別是近代台灣曾經面臨長達半世紀之久的白色恐怖，不少當時遭受冤獄的政治犯被捕之際，都還是16歲、17歲正在就讀高中的少男少女，也有些許女性政治犯因為無人可以協助照顧，而被迫將強褓中的嬰幼兒一起帶入監牢，更不用說多少受難者家屬在成長過程中，面臨來自學校與鄰里的歧視。當這些嚴重侵犯人權的情形，無差別地展現在兒童與成人身上時，其對社會價值的影響往往延續好幾個世代，而社會的集體創傷更可能扭曲人權的定義，例如，放棄思想自由來換取基本溫飽。因此，對於這些歷史悲劇的回顧以及從中體現的價值觀思辨，其實才是落實人權最需要加強的部分。

參、人權需要見樹又見林

　　《兒權公約》是台灣自2009年透過國內法化所承認的第五個聯合國人權公約，除了仿照聯合國模式撰擬國家報告、邀請國際專家學者進行國際審查、

根據〈結論性意見〉進行政策修訂，主責部會也都會盡力地以各種方式加強宣導教育。然而，從《公民與政治權利國際公約及經濟社會文化權利國際公約施行法》（下稱《兩公約施行法》）後就開始有檢討聲浪認為，台灣始終缺乏一個獨立的人權監督機構／機制，現有的監察院又容易受到政治力的干涉，政府部會往往對人權推動缺乏橫向連結；相較於NGO積極於各種人權公約的國際審查現場串連，令人不免擔憂重複出現的「落實人權教育」是否已經成了一種罐頭口號？例如，部分家長團體在2017年11月20日至23日「中華民國《兒權公約》首次國家報告國際審查會議」期間，持續以不實的性教育教材遊說國際專家，指目前國中、國小的性教育已經成了「性解放教育」；11月24日「〈結論性意見〉發表記者會」的現場，反對同志人權的抗議人士公然污辱一名現身說法，講述自身受歧視經驗的未成年人，不實指控其為「職業學生」、「假學生」、「受到不良團體的煽動」，在現場甚至高舉「LGBT滾出台灣」的標語。

　　當這些類似的橋段重複出現在《兩公約》、《消除對婦女一切形式歧視公約》，以及《兒權公約》的國際審查現場，除了讓人思考部分群體持續受到打壓的制度性原因，也令人疑惑，聯合國人權公約本應是對於世界上所有的「人」一種普及性的基本權利保障，即使在概念的執行上可能存在潛在的衝突，但本質上各個公約的要義是相輔相成不可分割。然而，當代表國家落實人權的行政單位與技術官僚因為責任分工而將人權分割，等同切割完整的人權安全網，勢必造成部分群體成了結構性漏洞的犧牲者。例如，性／性別少數從學校到職場所受到的霸凌與歧視，東南亞籍女性移工從受僱開始即禁止懷孕的歧視性就業政策，及至其在台生子後因為法令限制所產生的無國籍兒少，國家政府的實質因應策略究竟為何？是訴諸民粹的公投？抑或是妥協選票的政治權力鬥爭？

　　「權力」與「權利」雖然是政策施行的一體兩面，具有「權力」的個人或政黨往往擁有相對豐富與優勢的「權利」。特別是在科技發達的二十一世紀，社群媒體成了最經濟與快速的表達管道，網路的意見領袖往往在眾人瞬間點擊

下，成爲特定「權力」的象徵。然而，「人權」不該是任何「權力」的競合，思辨的歷程或許眾聲喧嘩，但不應是分貝大或音量高的人來論斷。無論是《兒權公約》強調公約保障主體「兒童」發聲與參與的重要性，或其他人權公約所特別關注的潛在非主流族群，人權無法對任何一種權力錦上添花，而是對人性尊嚴的基本承諾。政府唯有確實服膺人權公約，才能使公約不會淪於裝飾政績的文書，而是國家發展的圭臬。

參考文獻

Council of Europe and Janusz Korczak. 2009. *Janusz Korczak: The Child's Right to Respect Lectures on Today's Challenges (Korczak Lectures)*. Strasbourg Cedex: Council of Europe. In https://www.coe.int/t/commissioner/source/prems/PublicationKorczak_en.pdf.

Mulley, Clair. 2010. *The Woman Who Saved the Children: A Biography of Eglantyne Jebb: Founder of Save the Children*. Oxford: Oneworld Publications.

UK UNICEF. n.d. *Myth and Misconceptions about the Convention on the Rights of the Child*. In https://www.unicef.org.uk/rights-respecting-schools/wp-content/uploads/sites/4/2018/10/Myths-and-Misconceptions.pdf.

雅努什・柯札克（Janusz Korczak）。2018。《麥提國王執政記》（*Król Macius̀ Pierwszy*），林蔚昀譯。台北市：心靈工坊。

郭銘禮

　　《兒童權利公約》（下稱《兒權公約》）與《身心障礙者權利公約》（下稱《障權公約》）分別在2014年底成為台灣的國內法，國際專家在2017年完成初次國家報告的國際審查並提出〈結論性意見與建議〉（下稱〈結論性意見〉），政府已開始進行如何予以落實的討論或工作。這大致是參考2013年以來的《公民與政治權利國際公約》及《經濟社會文化權利國際公約》（下合稱《兩公約》）國家報告的國際審查程序與方法，並且做了一些調整。國內對公約人權的落實程度會反映在下一次的定期報告與〈結論性意見〉。到底，下一次會有什麼不一樣？

　　筆者想從自2013年以來迄今的《兩公約》、《消除對婦女一切形式歧視公約》（下稱《消歧公約》）、《障權公約》、《兒權公約》的〈結論性意見〉的共通內容為基礎，根本性地去探討，什麼樣的改革方向可能會是較為迅速有效落實公約人權的解決方案。筆者擔心，如果不做根本或深層的調整或建構，那麼，這些國際審查程序不僅難以使人權公約發生預期的作用，反而容易因為長期的無效用且反覆動員而加深反感或厭惡。

　　筆者認為，應認真思考由總統擔任總統府人權諮詢委員會（下稱府人權委員會）召集人的可能性，請總統直接面對國際專家做出的〈結論性意見〉，解決每一個被建議改善的人權議題。這是個小幅度的角色調整，希望不會冒犯到總統的尊貴，但我期待這個新職務能藉由同理心的效用，讓總統至少能每三個月定期感受到國家依人權公約所負的義務，或許就是根本性的解決方案。

*　本文原刊登於《台灣人權學刊》，第4卷第4期，2018年12月，頁119-124。

　　請容許筆者從目前暫時無解的國家人權機構的設置問題談起。2013年《兩公約》第一次的〈結論性意見〉建議台灣訂出確切的時間表，把設立符合《巴黎原則》的獨立國家人權委員會當作優先目標，並且在保障人權方面發揮諮詢、監督與調查的功能，也能促成制定促進與保護人權的國家行動計畫。[1] 2017年《兩公約》第二次的〈結論性意見〉予以重申，建議台灣建立完全獨立而多元的國家人權委員會，勿再有所拖延。[2] 2014年《消歧公約》第二次〈結論性意見〉也做出同樣建議。[3] 2018年《消歧公約》第三次〈結論性意見〉則進一步指出，不要將國家人權機構設在總統府、監察院或其他現存的政府架構之下。如果政府決定要將國家人權機構融入監察院，則絕對需要將監察院重新改組，以設立符合《巴黎原則》的獨立機構。[4]

　　2017年的《兒權公約》第一次〈結論性意見〉，建議台灣設立一個配置有監測兒童人權專責部門的國家人權機構、或兒童監察使、或兒童權利專員，以符合聯合國兒童權利委員會第2號一般性意見的要求，勿再拖延。此機構亦須符合《巴黎原則》而能夠受理、調查與處理兒童申訴案件。[5] 2017年的《障權公約》第一次〈結論性意見〉同樣建議台灣應設立國家人權機構或類似機構，且必須完全獨立，因此不應將國家人權機構設在總統府、監察院或其他現存的政府架構之下。[6]

　　由上可知，不同的人權公約審查委員會都同樣建議台灣盡速設立國家人權機構，甚至於明白地建議不要將國家人權機構設在總統府、監察院或其他現存的政府架構之下，以確保完全的獨立性。

　　很可惜，儘管國際專家一再重複地建議，但台灣政府高層一直沒有設立符合《巴黎原則》的國家人權機構的知識與決心，欠缺有效的作為。馬英九前總

1　《兩公約》第一次〈結論性意見〉，第8、9點，2013年3月1日。
2　《兩公約》第二次〈結論性意見〉，第9點，2017年1月20日。
3　《消歧公約》第二次〈結論性意見〉，第8點，2014年6月2日。
4　《消歧公約》第三次〈結論性意見〉，第13點，2018年7月20日。
5　《兒權公約》第一次〈結論性意見〉，第14、15點，2017年11月24日。
6　《障權公約》第一次〈結論性意見〉，第78(c)、79(c)點，2017年11月3日。

統於2010年間以行政命令性質的要點所設置的府人權委員會，由副總統擔任召集人，性質上屬於兼職性、諮詢性、任務編組型態的組織，完全不能符合《巴黎原則》的要求。蔡英文總統在2015年競選總統期間，曾經承諾成立國家人權委員會，必須獨立運作不受政治干擾（林朝億，2015），但是在蔡總統就任後，我們似乎沒有看到她為了落實這項政見，而採取任何具體作為或設定具體時程予以完成。但她也沒有使馬前總統時代設立的府人權委員會停止運作，仍然繼續提名人選並讓委員會可以運作發揮功能（中華民國總統府，2016）。

　　蔡總統似乎把首要工作放在其他的人權相關議題。例如，2016年8月1日，透過屬於行政命令層級的設置要點所成立的總統府原住民族歷史正義與轉型正義委員會，由總統親自擔任召集人，其中一項任務是「積極落實聯合國《原住民族權利宣言》與各項相關之國際人權公約」。由於《兩公約》第一次〈結論性意見〉第30點到第35點是有關於原住民族權利的建議，其中第34點建議政府應以《兩公約》、《原住民族權利宣言》、國際勞工組織關於原住民族及部落居民的第169號公約等人權標準為基礎，採取以人權為本的方法來與原住民族互動，與第35點的歡迎官方對於《原住民族權利宣言》的認可。第24、25點則是對於大規模人權侵犯事件的轉型正義工作，追求真相與正義並促成和解。由此觀之，蔡總統願意親自出面處理原住民族轉型正義的事務，當然是值得肯定。[7]

　　但是，府人權委員會任務包括「人權政策之提倡與諮詢」、「國際人權制度與立法之研究」，[8]更為廣泛，本就包含落實與原住民族有關的國際人權公約的議題在內，否則前述《兩公約》的〈結論性意見〉不會將此部分列為建議事項。因此，這與總統府原住民族歷史正義與轉型正義委員會的任務可以是重疊的。

---

[7]　蔡總統就任後，立法與行政部門在與轉型正義有關的行動方面甚為積極，例如2016年立法院通過《政黨及其附隨組織不當取得財產處理條例》，設置了不當黨產處理委員會；2017年立法院通過《促進轉型正義條例》，設置了促進轉型正義委員會。

[8]　《總統府人權諮詢委員會設置要點》第2點第1、2款。

　　如果總統不僅僅像現在只針對其中一個原住民族轉型正義的議題成立的委員會擔任召集人，而是願意親自擔任處理更廣泛人權議題的府人權委員會的召集人，或許能讓總統更為完整地瞭解到目前在運用已國內法化的國際人權公約來保障與提升台灣人權方面的困境與不足。由總統親自擔任府人權委員會召集人的其他優點，也在於總統可以親自關切包括《兩公約》、《障權公約》、《兒權公約》、《消歧公約》等國際專家提供的各項建議在台灣的落實程度，親自瞭解權利受侵害者及非政府組織（NGO）的意見、各級政府為何無法有效保障人權的問題所在、府人權委員是否都善盡職責、總統是否親自接觸到以往所不知道的訊息與感受等。筆者懇請總統瞭解，親自處理人權議題真的是有實質意義的。那不是一份公文可以道盡的故事。

　　筆者期待的是，總統作為台灣最有實權的政治人物，承擔的是最大的職責，人權公約課予國家的義務，有待政府領導階層有效予以履行。總統如果願意親自出面處理人權議題，會是最佳示範，並促使台灣社會擁護人權的價值與力量能夠凝聚在一起，公務人員也會進一步感受到人權公約的價值成為日常公務運作的一部分。當總統親自處理人權議題時，應該就更容易瞭解聯合國人權機構為何呼籲各國設立符合《巴黎原則》的國家人權機構，為何要求各國訂定促進與保護人權的國家行動計畫，為何要求各國應促使國內法令遵守人權條約。

　　筆者在對不同公務員講授人權公約課程時，總是覺得這個國家也對不起第一線面對民眾的公務員，某種程度上讓基層公務員背負著侵害人權的惡名，造成一般人民與公務員之間存在對立，這對政府一點好處也沒有。這可能是各院、各部會的首長對於〈結論性意見〉中建議改善的人權缺失並不認同，也可能因為涉及不同院、部的職權、預算、人力消長而不易有共識，以至於人權無法獲得進展。

　　再者，公務員是依法行政，雖然各個人權公約施行法都已經使人權公約成為國內法，也都規定適用公約時應參照聯合國各個條約監督機構，也就是例如人權事務委員會、經濟社會文化權利委員會、消除對婦女歧視委員會、兒童權

利委員會、障權委員會所做的解釋，但人權公約的規定以及條約監督機構的一般性意見、個人來文的決定等對公約的解釋，都需要與現有國內法令做對照，或是修訂、制定新的標準作業規範。否則，要期待公務員在日常業務上適用人權公約，實在是有點不切實際，完全無法對症下藥，縮短差距。

　　有鑑於台灣在支撐聯合國人權規範方面的人力資源與基礎建設方面非常不足，因此，筆者曾經對行政院、監察院、司法院可以採取的措施提出建議（郭銘禮，2018）。在此，我請求總統擔任府人權委員會召集人，從這個職務出發，用心處理國際人權專家建議的每一個人權改善事項，希望總統的投入，能夠帶動新一波的進展與文化，讓下一次真的不一樣。

參考文獻

中華民國總統府。2016。〈總統府公布總統府人權諮詢委員會第四屆委員名單〉。新聞稿2016/12/10。https://www.president.gov.tw/NEWS/20952。

林朝億。2015。〈蔡英文：成立國家人權委員會，誠實撰寫人權報告〉。《新頭殼》2015/12/9。https://newtalk.tw/news/view/2015-12-09/67759。

郭銘禮。2018。〈大法官應遵守國際人權公約〉。《台灣人權學刊》，第4卷第3期，頁122-124。

壹、前言

依照《身心障礙者權利公約施行法》（下稱《CRPD施行法》）與《兒童權利公約施行法》（下稱《CRC施行法》）的規定，各級政府機關都負有尊重、保護，與充分實現公約的義務，但在中央政府的任務分工裡，負責統籌與推動公約的機關是衛生福利部社會及家庭署（下稱社家署），署長簡慧娟與署內同仁在兩個公約國家報告審查之前與之後，總共寫了四篇文章來講述政府在這兩部公約的相關作為與歷程，以及未來可能面臨的挑戰與展望。[1]

基本上，筆者仍願意肯定政府自兩部公約施行法通過以來所做的努力，包括這四篇文章中所提到的：在立法院尚未通過施行法之前，政府與民間團體之間的溝通對話、政府通過施行法的基本政策、施行法通過之後所進行的公約教育訓練、法規檢視以及最重要的國家報告審查。但除了社家署之外，各級政府機關、五院、各地方政府也都必須認清，落實國際人權公約最根本的意義與價值，是要回到每個身心障礙者與兒童最真實的脈絡與困境，所有公部門都必須從這個起始點出發，以解決人權問題作為基礎，來反推各個政策與法制是否符合或是否違反公約的問題，而不是像前述提及的這四篇文章的觀點那樣，僅僅只是描述性地介紹公約國內法化的過程、公約在國際人權發展的脈絡、國家報告審查的狀況，並聊備一格地提出幾個政府之後想要推展的方向與挑戰。

但比較遺憾的是，上述社家署所述的推展方向與挑戰，比較看不到以身心

---

* 本文原刊登於《台灣人權學刊》，第4卷第4期，2018年12月，頁125-132。

[1] 這四篇文章分別為簡慧娟、吳慧君（2017）、簡慧娟、宋冀寧、李婉萍（2017）、簡慧娟、吳宜姍、陳柔諭（2018）、簡慧娟、蕭珮姍（2018）。

障礙者、兒童的需求和困境進行分析所得的政策方向，或許有些可能是，比如有兩篇文章都提到要進行更全面、細緻且具國際比較性的身心障礙者與兒少的統計調查，這樣的基礎功夫確實是政府早在決定是否要落實這兩部公約之前，就應該要進行的工作。但有些點就令人覺得多餘，比如「持續爭取加入聯合國的兒童權利委員會」，雖然對於衝撞我國外交困境有幫助，不過顯然對於國內兒少的需求與困境幫助不大。

又或者這時社家署已經在CRPD政策中提出「去機構化」的方向，但如果沒有秉持CRPD最重要的精神——沒有我的參與不要幫我做決定（Nothing about us without us.）——政府只是一廂情願地讓機構退場，過程中漠視或忽視當事人與利害關係人所提出的訴求與困境，恐怕只會衍生更多的問題。比如，2017年中，高雄「龍發堂」因為阿米巴痢疾及肺結核群聚感染的疫情，政府公權力介入精神障礙者堂眾後續安置的問題，[2] 以致有堂眾在離開龍發堂之後，因為後續相關環節無法承接而死亡的個案。關於「去機構化」與龍發堂的爭議，行政院身心障礙者權益推動小組在會議中都列案討論，其中伊甸基金會的代表楊淑芬就表示：「去機構化策略必須以證據為基礎，並廣邀身心障礙者及其代表參與。歐盟成員國必須以去機構化為願景執行策略，並依需求全面描繪去機構化之狀態。」[3] 而龍發堂的議題，雖然幾位委員與相關部會都傾向依照既有法規來處理「非法的」龍發堂，但非常遺憾的是，從這些討論過程看不到政府在介入處理的過程中，對於龍發堂內「人」的影響。[4]

社家署這四篇文章的基調，基本上就如同〈從聯合國身心障礙者權利發展脈絡看台灣身心障礙權利的演變——兼論台灣推動「身心障礙者權利公約」的歷程〉一文末段所述：「……國家是先認同障礙者人權，再來思考國內相關法規與政策需調整之處，整個過程並未考量國家經濟條件……。」這裡「障礙者人權」置換成「兒童人權」也是一樣的。筆者認為，國家認同所有人包括身心

2　相關報導請見張子午（2018）。
3　行政院身心障礙者權益推動小組2018年2月12日第二屆第三次會議紀錄。
4　行政院身心障礙者權益推動小組2018年7月10日第二屆第四次會議紀錄。

障礙者與兒童的人權，基本上只是在重申國家公權力的正當性基礎，不管有沒有將公約國內法化，都是國家的責任與義務，但批准公約與將公約國內法化，有一層更重要的意義在於，政府應進行「人權盤點」的工作，也就是應該以權利較容易受到侵害與影響的族群的需求和困境為導向，全面性地進行「相關法規與政策的調整」，而這個過程中，恰恰就是最需要事實資料的分析與規劃，因此也不可能不考慮經濟條件的因素。

　　無論如何，包括社家署在內的所有各級政府機關，從2009年的《公民與政治權利國際公約》及《經濟社會文化權利國際公約》（下合稱《兩公約》）到現在的五個國際公約的落實，長期以來最嚴重忽視的就是，每個實實在在有脈絡、有需求的「人」們的社會困境。而這些被政府跳過的真實困境，並不會因為政府一再說「我國已經將公約國內法化」、「我國有努力邀請國際專家來台審查」云云，而立刻消失，反而這些社會人權困境會因為政府的不作為或者繼續侵害人權的作為，反覆出現在每一次的國家報告審查過程中，如果政府再不調整落實人權公約的基本態度，只講「精神」不思「問題解決」，多年後這套原本可以協助政府提升人權政策的執法施政工具，將會越來越不管用，最終只剩下政府空洞的宣傳與大拜拜。

貳、評兩個行政院層級的權益推動小組

　　《CRPD施行法》與《CRC施行法》，有別於《兩公約施行法》及《消除對婦女一切形式歧視公約施行法》（下稱《CEDAW施行法》），都在施行法第6條中規定，行政院層級應分別設置身心障礙者權益推動小組（下稱障權小組）與兒童及少年福利與權益推動小組（下稱兒權小組），來推動公約的相關工作，且特別明定包括以下的工作：公約之宣導與教育訓練、各級政府機關落實公約之督導、國內身心障礙者權益現況與兒童及少年權利現況之研究與調查、國家報告之提出，以及接受涉及違反公約之申訴等。

　　也就是說，雖然負責統籌與推動這兩部公約之施行的主要機關是衛福部社家署，但所有與公約落實的政策與工作項目，若依照施行法，都應該經過行政院這兩個權益推動小組的討論與決議。如果我們進一步去檢視這兩個小組的設置要點及其中所訂定的任務，就會發現要點與施行法的規定仍有落差。比如在障權小組，除了規定施行法第6條諸事項之外，還強調小組應發揮跨部會協調的功能，[5]但在兒權小組方面，設置要點的任務除了同樣強調跨部會協調的功能之外，已經不提施行法第6條的事項，而只是簡化成「兒童權利公約及其施行法之協調、研究、審議及諮詢並辦理相關事項」。[6]這樣的文字差異就會啓人疑竇，究竟施行法中所規定的教育訓練、督導，以及申訴等事項，是否還是兒權小組的任務？截至2018年12月底爲止，筆者在社家署網站上可以找到障權小組兩屆共10次的會議紀錄，以及兒權小組三屆共12次的會議紀錄，根據這些會議紀錄，我們可以進一步檢視，究竟這兩個小組是否有根據施行法的規定事項與設置要點的任務來運作。

　　首先，許多民間團體非常關心的申訴事項，截至2018年12月底爲止，是沒有任何進展的，不僅欠缺申訴程序的明確規定，甚至我們在可見的會議紀錄中，也沒有看到任何議程的規劃與討論。

　　再者，這兩個小組幾乎不太處理公約訓練的議題，除了兩個小組在討論CRC與CRPD的推動落實計畫、障權小組第二屆的滕西華委員在第二屆第三次會議中提案討論如何確保公務機關法制（規）人員接受CRPD培訓，以及行政院應建立常態性「CRPD專家小組」，以作爲CRPD教育訓練之人才資料庫之用的提案。[7]

　　第三，這兩個小組利用歷次會議，大量要求相關部會與權責機關進行專案報告，並進行專案列管，這一點較爲符合施行法所規定的督導與研究調查。從既有的會議紀錄可見，包括幼托整合政策、發展遲緩兒童早期療育服務、網際

---

[5]　《行政院身心障礙者權益推動小組設置要點》全文請見http://bit.ly/2SRWF71。
[6]　《行政院兒童及少年福利與權益推動小組設置要點》全文請見http://bit.ly/2D5NdXV。
[7]　行政院身心障礙者權益推動小組2018年2月12日第二屆第三次會議紀錄。

網路防護機制、保障兒童及少年姓名及國籍權利、收出養制度、兒少反酷刑專案報告、防制兒少藥物濫用、少年司法、兒少網路使用沉迷問題、少年建教合作、無障礙落實現況、輔具服務之現況、融合教育、身心障礙者就業服務，以及定額進用的現況等。

第四，由於兩個權益推動小組是在施行法通過的脈絡下設置的，因此不可能不處理國家報告內容、審查會議籌備狀況，以及法規優先檢視清單的議案，這些都毫無疑問是施行法所要求的法定任務。

第五，在兩個小組歷次的會議紀錄中，除了有各部會的專案報告之外，還包括各民間委員各自關注的議題。這些議題固然重要，但仍顯得格外瑣碎，例如，身心障礙者停車格的議題、居家照顧的補助不應排除移工、關愛之家無國籍兒少的議題、社會福利安置機構是否適用《勞動基準法》之規定的議題、前瞻基礎建設經費是否有包含學齡兒童及青少年族群需求，以及像是有關手機及平板電腦等行動裝置應用程式相關權責機關之疑義的議題等。

第六，除了上述幾點之外，在兩個設置要點中所強調的跨部會協調功能，截至2018年12月底為止是否有適當地發揮功效？筆者認為，歷次會議的主席確實依照要點由政務委員主持會議，也確實有民間委員與各部會發表相關意見，但歷次議題是否有達到「以需求和問題解決為取向」，來進行行政院主導協調跨部會分工，這需要一項一項進行更細緻地分析。由於至2018年12月底止，可見的會議紀錄欠缺各部會的報告資料，且兒權小組方面也欠缺各委員的發言摘要紀錄，因此筆者無法妄下定論。但值得注意的是，在障權小組第一屆第一次會議的第一個議案，在討論小組之組成及會議運作模式，各委員有非常充分的討論。而最後社家署的總結回應是：

> 「本推動小組任務，係處理需提升到院層級進行跨部會協調、經院指示該
> 議題相當重要需跨部會研商之案件，小組委員亦可將重要跨部會議題於小
> 組提案討論；由於部級與院級皆設有推動小組，主席可取得委員共識，將
> 議題先交給部層級討論（部層級亦可討論跨部會議題），難度較高或需要

跨部會相關資源協助之議題，則於本推動小組討論；上述分工主要係為區分部級與院級推動小組任務。[8]」

第七，如果我們來比較主責推動CEDAW的專責機構，以及CRC、CRPD這兩個推動小組，那麼負責CEDAW的機制是相對健全的，因為負責CEDAW的不只有性別平等委員會，還有專責的、有人力、有經費預算的性別平等處（下稱性平處）；更重要的是，在性平主流化政策及性別預算、性別統計、性別分析、意識培力、性平機制、性別影響評估等政策工具的推動下，現在包括中央與地方政府定期都要進行性別業務的訪視評鑑。至於行政院層級的這兩個權益推動小組，並沒有像性平處這樣的專責機構，只有衛福部社家署兼辦這兩大公約的大小事務。再者，這兩個權益推動小組的會議，也沒有會前會的機制，代表王榮璋委員的身心障礙聯盟高珮瑾主任就曾表示：「與衛福部障權小組相較，由於本小組沒有會前會的機制，而且公約的層面本就比《身心障礙者權益保障法》更廣，造成會議中每個議案都需要相當的時間進行意見交換。」[9]

第八，在社家署的這四篇論文中，提出了許多落實CRC與CRPD的挑戰與展望，包括分眾教育訓練、全面細緻且具國際比較性的統計調查、人權指標與影響評估的機制、法扶計畫、獨立之兒童監察制度、持續爭取加入聯合國兒童權利委員會、持續培力兒少參與等政策方向。但為何社家署截至2018年12月底為止，還不將這些議題提至行政院的這兩個小組進行討論？也是值得持續追蹤的問題。

參、結語

即便有上述的質疑與批評，但筆者仍肯定社家署團隊願意撰寫這四篇文

8　行政院身心障礙者權益推動小組2015年2月16日第一屆第一次會議紀錄。
9　行政院身心障礙者權益推動小組2015年7月13日第一屆第二次會議紀錄。

章，來與社會大眾進行這兩部公約的社會對話。基本上這四篇文章的撰寫工作，仍然是在落實CRPD第8條所重視的權利意識提升，亦即「提高整個社會，包括家庭，對身心障礙者之認識，促進對身心障礙者權利與尊嚴之尊重」以及「推行瞭解身心障礙者及其權利之培訓方案」。筆者期待，包括社家署在內的各級政府機關，應本於「沒有我的參與不要幫我做決定」的精神，在推動相關政策、法制改革之前，無論如何都必須回到身心障礙者與兒童的位置，彎下腰理解需求和面對問題。雖然對政府而言比較難，但對於落實公約而言，也許更簡單。

參考文獻

張子午。2018。〈龍發堂最後的日子〉。《報導者》2018/1/17。https://www.twreporter.org/a/long-fa-tang-mental-disoder。

簡慧娟、吳宜姍、陳柔諭。2018。〈我國推動聯合國身心障礙者權利公約歷程及未來展望〉。《社區發展季刊》，第162期，頁99-106。

簡慧娟、吳慧君。2017。〈兒童權利公約推動歷程與未來挑戰〉。《社區發展季刊》，第157期，頁42-53。

簡慧娟、宋冀寧、李婉萍。2017。〈從聯合國身心障礙者權利發展脈絡看臺灣身心障礙權利的演變──兼論臺灣推動「身心障礙者權利公約」的歷程〉。《社區發展季刊》，第157期，頁151-167。

簡慧娟、蕭珮姍。2018。〈兒童權利公約首次國家報告國際審查歷程與結論性意見的挑戰〉。《社區發展季刊》，第162期，頁4-14。

第三篇　消除對婦女一切形式歧視公約

編輯說明

　　本篇收錄者，爲《台灣人權學刊》於第5卷第1期（2019年6月出刊）的「人權論壇」單元所發表的評論文章，論壇主題爲《消除對婦女一切形式歧視公約》第三次國家報告審查。人權論壇首先邀請行政院性別平等處（公約主政單位）撰文，說明第三次國際審查辦理的歷程與政府針對〈結論性意見與建議〉提出的政策回應；接著邀請學者專家，針對性平處的說明進行評論並分享其觀察。以上說明，希望有助讀者瞭解本篇四篇文章寫作的脈絡；而有意閱讀性平處文章的讀者，請參考：吳秀貞、王子葳。2019。〈《消除對婦女一切形式歧視公約》第3次國家報告國際審查歷程與結論性意見之策進作爲〉。《台灣人權學刊》，第5卷第1期，頁85-98。

第十四章 婦女人權公約的倡議與轉化：簡析台灣落實CEDAW國家報告與審查歷程*

顏玉如

壹、前言

　　相對於《公民與政治權利國際公約》、《經濟社會文化權利國際公約》或其他人權公約，《消除對婦女一切形式歧視公約》（下稱CEDAW）自2007年總統批准後，乘著性別主流化專責機制成果之優勢，行政院性別平等處（下稱性平處）到各部會系統性總動員，從法規檢視到國家報告的規劃撰寫、國際審查以及後續的落實，運作日漸活絡，性別平等與婦女人權保障之路似乎也有更鮮明的體制性路徑。直至2019年中，CEDAW已先後提出三次國家報告，第三次國家報告為2017年12月完成，並且於2018年7月舉行國外專家審查暨發表會議，由國外專家提出〈結論性意見與建議〉（下稱〈結論性意見〉），作為我國後續四年的努力方向。每一次的國家報告與審查，都象徵台灣婦女人權的進展。然而，作為國家保障婦女權益、推動性別平等的重要機制，其報告內容是否回應政府落實CEDAW的施政作為？是否回應CEDAW價值理念以及一般性建議內涵？撰寫與審查過程又對於公私部門帶來何種影響？CEDAW國家報告與審查對後續國內性別平等推動的影響？是啟發政策實務的再延伸？還是制式的義務性回應？台灣CEDAW的推動，可視為聯合國婦女人權價值與政策的學習與移轉。因此，本文以評估政策有效性的概念，由CEDAW報告撰寫的過程以及對於各機關政策制定執行的影響，檢視並反思台灣公私部門如何協力落實CEDAW國家報告與國際專家審查的機制與過程。

---

* 本文原刊登於《台灣人權學刊》，第5卷第1期，2019年6月，頁99-106。

貳、CEDAW報告撰寫過程：公私部門培力與倡議動能消長

一、公部門接受大量培訓與討論會議，勉力完成形式性國家報告

　　雖然，我國基於「婦權即是人權」的普世價值，自主簽署公約並完成內國法化程序，但對多數政府機關而言，執行CEDAW仍是一種因為法律規範要求的義務性取徑，而非感知改革的必要性。因此，對於婦女人權價值概念的理解與接受，往往必須透過不斷的模仿或訓練、學習，方可提升執行結果與成效。就政策學習面來看，為了能夠順利完成政府國家報告與審查，歷次國家報告的撰寫皆投入大量的教育訓練與會議討論，以協助公部門同仁能最大化地理解CEDAW條文與一般性建議之內涵、撰寫原則與審查制度，展現政府作為。以第三次國家報告為例，性平處總計辦理34場次的培訓與修正會議（含24場次公部門培訓、四場民間對話以及六場次討論與修正會議），歷時近一年的討論與撰寫（吳秀貞、王子葳，2019），著實投入相當大的時間、人力與資源，值得肯定。

　　另外，在報告撰寫過程中，性平處扮演了銜接與轉化「國際規範與國內實踐」的重要角色。筆者也發現，相較第二次國家報告的撰寫，性平處除了專責報告之撰寫訓練與統籌彙整外，在第三次國家報告撰寫過程中，也藉由編撰參考手冊引導各機關撰寫與修正方向。此舉意謂著性平處已逐漸從資料彙整者轉變為政策統合者，除提供政策移轉技術上的正當性外，亦扮演體制內性別專家與機關倡議者的角色。顯見CEDAW在脈絡化成為國內政府機關業務的一部分，已漸有進展。

　　然而，不可諱言，訓練不必然就能夠順利轉化為政策的執行與產出。如同吳秀貞、王子葳（2019）所指出，儘管辦理了諸多的訓練與會議討論，但從報告內容也發現，許多政府機關依然存在業務同仁對CEDAW核心概念模糊不清，只是填具表格或照章行事，呈現技術官僚化的問題。性平處認為，這樣的

結果造成她們需要花費更多時間大幅調整與修正報告。但筆者認為，這種政府機關業務同仁性別意識與專業能力不足的根本性問題，所影響的不僅只是報告撰寫的完備程度與否，還進一步反映出各政府機關落實CEDAW作為之有效性；亦即各政府機關在規劃與執行時是否依循CEDAW、一般性建議及〈結論性意見〉之相關內涵、規範與原則，再依據政策執行結果撰寫國家報告。試想，若是在撰寫政策結果階段，相關同仁都未能掌握CEDAW精神與內涵，那麼在規劃、執行政策時又如何呢？顯然對某些政府機關而言，只能勉力完成形式性的國家報告，至於能否達到有效落實CEDAW的目標，顯得欲振乏力。

二、缺乏對民間團體長期性與系統性的培力

　　民間團體作為一個客觀的力量，也是CEDAW國家報告的重要部分。然而，看似對國家報告撰寫做出積極回應的政府，對於國家報告審查機制中，民間團體參與以及倡議動能發揮的作為又為何？長期以來，聯合國培力與扶植各國民間組織不遺餘力，其重要原因不只在訓練各國民間組織遞交影子報告或替代性報告，更是協助培養各國民間組織成員遊說CEDAW委員會及監督該國落實CEDAW的能力。因此，培訓的內容除了事前對於審查報告撰寫與程序模擬外，還包括審查後續倡議行動的準備，以期待民間組織返國後能積極監督政府落實國家報告應有作為（陳金燕、葉德蘭，2014）。反觀我國，雖然參與國家報告撰寫的民間團體與組織逐步增加，[1]但是相較於公部門投入資源情況，政府對於獎勵與扶植民間組織是既消極且被動。在CEDAW訓練活動方面，目前多仰賴婦女權益促進發展基金會作為民間組織的平台，僅以極少的資源來培訓民間組織，且著重於報告撰寫與程序性議題，但對於國家報告後監督行動所需的資源，實欠缺系統性、持續性的挹注。而這種程序性訓練重於倡議動能培育的方式，對於已完成三次國家報告且準備進行第四次的台灣民間組織而言，顯

---

[1]　第一次國家報告有15個民間團體參與，提出15篇替代報告；第二次國家報告有28個民間團體參與，提出24篇替代報告；第三次國家報告有40個民間團體參與，提出19篇替代報告（婦權基金會，2018）。

有不足。

此外，就長期的婦女團體培力策略行動來看，在目前購買式福利的服務思維下，政府對民間團體的補助大量偏重於保護性或福利服務業務；對於婦女權益或性別平等倡議性方案的支持極其不足，更遑論對於專業倡議人力的經費補助，亦讓原本募款已相對不易的倡議團體之營運發展更加不利。筆者以為，CEDAW國家報告與民間影子／替代報告的機制設計，其目的在於公私協力與倡議，但並不僅限於國家報告撰寫與審查參與，有更多是公民社會團體的長期培育。因此，對於公私部門培力資源落差的現象，不僅會弱化台灣民間組織倡議動能，亦讓政府在提升女性社會參與作為之有效性大打折扣。

參、制式到啟發：CEDAW對於各機關政策制定的影響

一、階段性多面向議題：共同關懷到消除多重交叉歧視

台灣提出CEDAW國家報告已邁入第十年。從三次國家報告內容、〈結論性意見〉，以及民間參與影子／替代報告之重點議題討論，不難窺見對於台灣婦女處境改善與權益維護關注焦點的移轉。從第一次「共同關懷」為起點，第二次「多元性別身分權益」，以及第三次「多重與交叉歧視處境」，逐漸在累積和成長之後多元、異質化，呈現豐富且多面向的風貌。然而，前述看似對性別人權做出階段性友善的回應，其在不同領域權益推進情況為何？廣泛來說，女性不論在教育、就業、經濟與福利、人身安全、司法近用與保護、政治與社會參與等方面確實卓有成果；只是面面俱到，還是點到為止，甚至是不點不亮，因著關切焦點與權責機關不同，差異甚大。筆者觀察，在第三次國家報告的〈結論性意見〉中（行政院性平會，2018），國際審查委員除了關切各項權利中的多重與交叉歧視外，也直指政府必須正視的結構性與基本面問題，包括健康權中我國婦女健康政策以及國家行動方案究竟為何（第一次與第二次也有提出）（第58點）？對於經濟福利權利方面，也指出我國分散式的福利措施可

能會降低效率，並且也需檢視對於婦女的保障是否到位以及周延（第64點）；另外，在就業權利方面，也提到女性就業率增幅低於男性，以及勞動市場中垂直與水平性別隔離現象嚴重（第50點）等。顯見長久以來，這些涉及女性基本生存之共同性問題仍然持續存在與未解，不僅難以有效改善婦女問題，更可能導致不利處境循環。在有限的資源與人力限制下，可預見的是，階段性優先議題必然成為各部會推動CEDAW與性別平等首要工作，而性平處與相關政府機關也必須思索如何存異求同的問題。

二、政策轉化的複製與啓發：國際規範與在地特性路線

　　台灣推動CEDAW的歷程，可視爲對聯合國性別人權價值與政策的學習與移轉。雖然，政策移轉過程中往往因著國情與社會特性不同，成效有所差異（柯于璋，2012），但不同於其他公共政策，具有普世人權價值特性的CEDAW，需更爲重視過程中的啓發與應用。就國家報告撰寫、審查與後續回應面觀察，大略歸納分爲二類：第一類是既有婦女與性別相關法律規範與CEDAW的落實，包括人身安全三法（《性侵害犯罪防治法》、《家庭暴力防治法》、《性騷擾防治法》），以及《性別工作平等法》、《性別平等教育法》、《人口販運防制法》、《兒童及少年性剝削防制條例》等法。這些法律皆已施行有年，亦有相關作業規範與服務程序。可是，這類最重要且攸關女性權益的法律，除了在國家報告中呈現政府作爲外，似乎只有少數部會運用CEDAW來發現並解決實務問題與困境，如教育部援引CEDAW作爲性別平等教育與反性別歧視之政策溝通與倡議，多數行政機關還是未能將CEDAW主動應用於業務規劃與推動。以家庭暴力防治爲例，由於台灣採取以被害人爲中心以及四等親內的家暴範圍界定，因此除了缺乏如第35號一般性建議之婦女造成不成比例影響的明確揭示，實務上也因爲案量與人力資源的限制，對於被害人保護或相對人／加害人處遇工作，皆缺乏透過性別分析來建構對於不同暴力型態的評估，並據以發展適當服務。特別是對於新型態暴力手段（如仇視女性的報復式色情、跟蹤騷擾、高壓控管），或不同世代親密關係暴力的性別處

境等。另在司法機關方面，CEDAW更是幾乎沒有被法官援引作爲親密關係案件審判之依據，以致CEDAW第32號一般性建議似乎只是徒具形式的樣版與口號。雖然，CEDAW是促進性別人權的重要法律，但非這類現有法律權責之行政機關與司法機關中本有的法律規範，因此摒棄專業與立場本位主義，透過CEDAW與一般性建議的實踐，讓既有法律制度與服務更臻完備，是CEDAW後續推動需持續強化的部分。

第二類是將CEDAW、一般性建議及〈結論性意見〉轉化爲具體措施或計畫的實踐。由於少了專法的規範，各機關需要依CEDAW、一般性建議及〈結論性意見〉規劃具體措施或計畫，更受到機關首長重視程度、資源配置以及性平專業素養等因素的影響。筆者發現，許多機關傾向於採取複製或模仿的策略，最常見的即是直接以國內專家或性平處建議範例爲依據，缺乏啓發式的業務融合，又或對於許多問題的掌握仍然缺乏實務證據與現象理解──即性別統計與分析，特別是多重與交叉歧視議題（如身心障礙與高齡者處境、青少女懷孕等）。此外，對於〈結論性意見〉的回應也相對保守，傾向以權責限制、工作特性或等待社會共識來說明。因此，如何貫徹到各個機關，並將之轉化成預算與措施、計畫和方案，特別是國際審查委員所關切的暫行特別措施、消除多重與交叉歧視議題或是推動決策比例50：50等，CEDAW理念的倡議、性別主流化工作方法的運用以及性平處協助輔導，就更顯重要。

三、政治承諾與制度背叛

CEDAW第3條明確揭示，政府應採取一切適當措施保障女性權益，並且確保女性發展與行使、享有人權自由。因此，當政府機關對於依賴機關之個人未能積極保護，或促進個人免於遭受不當對待，即是一種制度性背叛（institution betrayal）（Smith and Freyed, 2014）。CEDAW的精神以及所期待的政策效益與影響，是國家責任與福祉，而非政府制度性背叛，但從歷次國家報告以及國際審查意見與建議來看，許多議題都是國際審查專家與國內民間組織重複提出並要求改善，特別是對於CEDAW的法律地位與司法機關應用、性別平

等綜合性立法、國家人權機構設置、有系統地採取暫行特別措施、男女結婚年齡同為18歲等法律制度議題（行政院婦權會，2009；行政院性平會，2014；2018），似乎仍不見相關權責機關積極處理。不可諱言，這些涉及文化與結構性的問題，盤根且錯節，但所攸關的卻是遭受交叉及多重歧視不利處境女性之權益；民眾權益不能等，拖延或不作為的戰術反而只會對弱勢者造成更嚴重的制度創傷，以及加深不同立場者的斷裂，甚至對於CEDAW價值精神的誤解與錯用，這些本質性的問題更需要政府的決心與有力的行動改革。雖然改變歷程是艱辛的，政府推動法律或政策的挫折與失敗可能如影隨形，推動過程更不乏詆毀與誤解，可是只有端賴政府的承諾與決心，方可悍衛人權與性別平等。

肆、進步社會的勇氣與想像：代結語

十年磨一劍。第三次國家報告不論是在政府機關與民間團體的參與，及審查之程序與機制，皆已臻完備。過去，每每重要的性別平等與人身安全法律通過或修正之際，總有面臨到「法律走在前，政策隨於後，措施不及跟，觀念不易改」之感嘆。因此，我們需要打破「用傳統性別觀念，施行現在政策，解決未來的問題」這種吊詭的政策邏輯。將CEDAW轉化為民眾福祉，除了如同性平處文章（吳秀貞、王子葳，2019）所提到必須持續深化CEDAW學習、提升行政機關與司法機關主動應用外，我們是否可以期待更積極的措施與行動，催化公部門的知識力與行動力？而如何消除性別刻板印象、鬆動父權意識型態，以及看見多重、交叉歧視的不利處境等，需要公私協力的力量，以及更多對於進步社會的勇氣與想像。撰文之際，欣見性平處與各行政機關已著手針對國際審查意見與建議進行研商，甚至在政務委員的帶領下，展開個別部會的拜會行動，促進權責機關對於落實CEDAW與性別平等進行意見交流，變革與創意的曙光漸漸現身了。

參考文獻

Smith, C. P. and Freyd, J. J. 2014. "Institutional Betrayal." *American Psychologist* 69(6): 575-587.

行政院性別平等會。2014。〈消除對婦女一切形式歧視公約（CEDAW）第2次國家報告審查委員會結論性意見與建議〉。行政院性別平等委員會。

行政院性別平等會。2018。〈消除對婦女一切形式歧視公約（CEDAW）第3次國家報告審查委員會結論性意見與建議〉。行政院性別平等委員會。

行政院婦權會。2009。〈消除對婦女一切形式歧視公約（CEDAW）初次國家報告國外專家建議一覽表〉。https://gec.ey.gov.tw/Page/4D41529D2CAC4188。最後瀏覽日期：2019/4/18。

吳秀貞、王子葳。2019。〈《消除對婦女一切形式歧視公約》第3次國家報告國際審查歷程與結論性意見之策進作為〉。《台灣人權學刊》，第5卷第1期，頁85-97。

柯于璋。2012。〈政策移植與移植政策評估指標之建立——結合政策過程與知識應用之雙元演化觀點〉。《公共行政學報》，第43期，頁63-90。

婦權基金會。2018。〈CEDAW民間報告〉。http://www.cedaw.org.tw/tw/en-global/download/index/2。最後瀏覽日期：2019/4/18。

陳金燕、葉德蘭。2014。〈CEDAW國家報告審查機制：聯合國與臺灣之比較〉。《國際性別通訊》，第16期，頁8-11。

伍維婷

　　《消除對婦女一切形式歧視公約》（CEDAW，下稱《消歧公約》）是最重要的婦女人權公約。《消歧公約》的通過彰顯兩個特點。第一，如同德國《消歧公約》專家Hanna Beate Schopp-Schilling在《賦權的循環：聯合國消除對婦女歧式委員會走過的二十五年》（*The Circle of Empowerment: 25 years of the UN Committee on the Elimination of Discrimination against Women*）中所提到的，《消歧公約》擴充了當時對國際法的理解，因為以下三個原因：一、《消歧公約》是第一個要求國家有責任改變或者消除性別歧視文化以及社會習俗的國際公約；二、《消歧公約》不只規範公部門，也規範私部門、家庭與個人；三、《消歧公約》運用暫行性特別措施來矯正過去的歧視。

　　《消歧公約》通過所彰顯的第二個特點是，國際婦女團體與性別運動者在國際政治與捍衛人權中取得重大勝利。因為《消歧公約》從推動制定，到各國願意批准遵守，都取決於政治意願。換言之，沒有強制力迫使聯合國或世界各國一定要通過《消歧公約》。政治意願的同意批准並且落實公約，正是台灣第三次《消歧公約》國家報告所呈現的一個重要成果。相較於前兩次國家報告，第三次國家報告從準備到召開審查會議，以至於後續由行政院性別平等處（下稱性平處）邀集相關部會共同商討如何落實審查意見的努力，都突顯台灣中央政府在實踐《消歧公約》上投入的廣度更為擴大。

　　正因為第三次國家報告已經大幅度推動《消歧公約》所涵蓋的層面，筆者希望能將此評論文之焦點放在如何擴大深度；亦即如何在台灣落實《消歧公

*　本文原刊登於《台灣人權學刊》，第5卷第1期，2019年6月，頁107-112。

約》的第一個特點，擴充對國際法、人權保障的理解與範圍。之所以將重點放在此一特點，原因有二：一、台灣已經完成三次《消歧公約》國家報告的審查，但評估此次報告內容，發現有些部會對於《消歧公約》的幾個核心概念，包括不歧視、平等、性與性別，以及國家責任等，仍然有模糊不清或者狹義定義的狀況；二、唯有充實對於《消歧公約》核心價值的理解與實踐，台灣未來的國家報告與審議才不會淪為行禮如儀的場合。

因為《消歧公約》對於締約國的約束力取決於締約國的政治意願，即使是聯合國的《消歧公約》委員會也不具備約束締約國的強制力。相反地，委員會是在每一次針對國家報告的審議中，提供令人信服的理由，以及有針對性的補救措施建議，以說服締約國接受委員會的意見，進行機制或者政策的改變。

因此，如何形塑具有說服力的意見，是影響政治意願的第一步。公約規定，締約國家在法律上有以下兩個義務：首先，消除對婦女的一切形式歧視，包含生活的各個層面；其次，確保婦女的充分發展和進步，以使女性能夠行使和享受與男性一樣的人權和基本自由。但國際上的批評意見認為，上述兩點涵蓋層面大，以致締約國終究僅能遵守關於定期向消除對婦女歧視委員會提出報告，審查其執行條約的努力這一項。

面對這樣的批評，推動《消歧公約》的性別學者與運動者，持續進行公約核心價值的釐清與說明。因篇幅關係，本文僅以平等這個核心概念為例說明。《消歧公約》的前提是形式和實質性平等，以台灣的第三次國家報告為例，各部會對形式上的平等達成了普遍共識，但卻未觸及何謂實質性平等的確切涵義與做法。的確，《消歧公約》關於平等的定義以及範圍，必須貫通理解條文以及一般性建議，因為委員會採取了多方面的平等概念，包括以下數項：差別待遇；實現成果平等的有利環境；克服婦女任職人數不足，以及男女之間資源和權力重新分配的戰略；發展個人能力的能力；「做出」選擇，不受陳規定型觀念的限制嚴格的性別角色和偏見；以及機會、制度和機制的真正轉變，使其不再以歷史決定的權力和男性典範的生活模式為基礎。

換言之，要做到實質平等，國家必須要改變過去以男性典範為模式的習俗

與文化，讓女性有選擇的機會與能力。同時，女性要不受到過去性別刻板文化的影響，真正做出選擇。最後，差別待遇或者為女性製造有利的環境與戰略，也是政府必要的行動。再舉《消歧公約》第7條和第8條為例，條文明確規定婦女不受歧視地參與公共和政治領域。如果僅看條文的的話，會認為公約僅提到以下權利：投票權、被選舉權、參與政策制定與落實、擔任公職、參加非政府組織（NGO），且以NGO身分參與公共政策的制定、在國際層面代表國家政府等權利。但事實上，對於《消歧公約》條文的理解，必須從序言開始。以代表國家參與國際組織的權利為例，序言提到「一個國家的全面和完整的發展，就是一個國家的福利」，同時與世界連結以及和平工作，「需要」婦女與男人平等地、最大限度地參與所有領域，包括公共和政治領域。

　　在此前提下，繼續討論第7條和第8條，就必須理解公約的框架條文，也就是第1條至第5條，以及第24條。因此，關於第7條和第8條，締約國有以下義務：

- 消除直接和間接歧視。
- 實施形式平等和實質性或事實性平等。
- 在憲法中體現平等和不歧視的原則和法律；要求個人、組織和企業通過適當措施禁止歧視婦女；通過法律禁令保護婦女免受歧視，包括在國家法庭和其他公共機構。
- 立即採取行動（不考慮財政資源）。
- 採取一切適當措施，確保全面發展和提高婦女在各個領域的地位。
- 消除文化和傳統習俗中的偏見，以及性別角色定型觀念。

　　同時，關於第7條和第8條所涉及的實質平等，必須納入第5號、第8號、第23號和第25號一般性建議。第5號以及第8號一般性建議早在1988年就發布，係針對暫時性特別措施提出具體說明。1997年所提出的第23號一般性建議，回應了《北京行動綱領》，並指出歷史與當前公共和政治生活中歧視婦女的結構性原因，其中詳細羅列出締約國必須履行的要求和義務。2004年所發布的第25號一般性建議是關於公約第4條的暫行性措施；第25號一般性建議解釋暫行性措

施的背景，並且具體說明何時以及如何執行暫行性措施。

　　但針對女性參與公共生活與政治領域，台灣政府仍以「女性參政保障名額」以及「委員會單一性別不得少於三分之一」為主要促進機制，缺乏實質平等所要求的「創造有利環境」，也尚未看到改善傳統文化的積極作為。

　　總結而言，台灣第三次國家報告的完成，以及行政院性平處後續的積極作為值得肯定，的確彰顯台灣政府落實《消歧公約》的決心。但如何能夠促進各級政府真正理解《消歧公約》的核心價值，是未來努力的重要方向。此外，第三次國家報告中缺乏司法體系對於消除歧視的積極作為，更是需要努力的方向。

　　檢驗台灣司法體系以及相關判決可以發現，婦女的人權尚未充分制度化為法律、司法判決以及執法方式，仍讓遭受歧視的婦女無法順利得到司法救濟；台灣也未建立機制，針對司法判決是否違反《消歧公約》進行監測。

　　本文提出以下幾個如何真正落實《消歧公約》的建議：第一，由於相關部門仍不熟悉《消歧公約》的核心價值，除了政府持續深化培訓課程外，更應建立《消歧公約》監測機制，結合民間社會從性別角度監測和進行人權分析。政府的深化課程，應依業務屬性，評估相關婦女人權的落實程度，並藉由案例分析重新規劃應採取的協調行動與機制建立。其次，建立與執行監測機制和程序，將能展現《消歧公約》的可操作性，同時藉由案例的累積，建立《消歧公約》的知識庫，如此將能同步強化政府與民間社會對公約的認識。

　　第二，社會大眾對於《消歧公約》仍然陌生，大多數女性公民並不清楚自己的權利，也不瞭解主張權利的有效程序。更重要的是，由於目前仍缺乏有效補救措施，婦女難以獲得司法救助制度的協助。因此，政府一方面需要更為積極地宣導《消歧公約》，思考如何結合媒體激發公眾意識與討論；另一方面也需要司法系統的合作，藉由案例，讓女性公民更為熟悉自己所享有的權利。

　　第三，強化政府與民間社會合作實踐《消歧公約》。《消歧公約》在台灣的推動，一直有賴於政府與公民社會的共同努力。在台灣已經完成三次國家報告之後，為了避免國家報告流於形式，實有必要再次強化政府與公民社會的共

同合作。民間社會與政府之間的合作範圍及形式廣泛，包括共同制定和運用適當的監測指標；改進撰寫國家報告的程序，讓政府與民間社會有更多的對話平台；結合公民社會建立監測機制，並培力女性公民為自己主張權利。公民社會則藉由分享在地經驗，協助政府瞭解公約實施面所存在的差距，以及婦女在公約實施過程中所遇到的經歷與障礙。期待藉此能達到以下兩個目標：一、確定並發揮各自在執行《消歧公約》方面的作用；二、在適當和可能的情況下合作促進婦女的平等。政府的案例累積、研究分析以及數據提供，加上公民社會對於在地經驗的理解，能將《消歧公約》的核心精神在地化。

　　第四，加強中央部會與地方政府執行《消歧公約》的政治意願。首先，將《消歧公約》與公部門業務充分結合，讓公約成為公務推展的助力。建議國家報告發展區域模式，或者依縣市發展程度不同，進行《消歧公約》的監測評估與改進的地方報告程序。

　　最後，台灣在《消歧公約》的努力也能成為區域合作的一個重點。包括東亞的日、韓與南亞諸國，在《消歧公約》的實踐上都有許多創新的做法。台灣若能邀請亞太各國，針對國家落實《消歧公約》的努力辦理論壇，也能更加促進實踐與深化《消歧公約》的政治意願。

第十六章　社會建構、暫行特別措施與交叉歧視：走向落實婦女人權的深水區[*]

顏詩怡

壹、前言

2018年7月，行政院性別平等處依《消除對婦女一切形式歧視公約施行法》（下稱《CEDAW施行法》）舉辦「CEDAW第三次國家報告國外專家審查暨發表會議」，這已是自2009年完成初次國家報告後的第三度審查。相較於其他同樣通過國內施行法的《兩公約》（《公民與政治權利國際公約》及《經濟社會文化權利國際公約》）、《身心障礙者權利公約》、《兒童權利公約》（下稱《兒權公約》）等聯合國核心人權公約，婦女人權因行政院設置有性別平等會（下稱性平會，前身為1997年成立的婦女權益促進委員會）、性別平等處（下稱性平處）等機制（構），及2005年以來推動「性別主流化」在運用政策工具、官民對話上的經驗基礎，在行政部門推展時得以更為聚焦。但筆者在這次國際審查歷程中同時看到的是，某些存在已久的挑戰，政府部門仍未能正視，進而提出有效解方。

筆者大致贊同〈《消除對婦女一切形式歧視公約》第3次國家報告國際審查歷程與結論性意見之策進作為〉（吳秀貞、王子葳，2019）一文所提出的觀察、反思與未來做法。惟下文將CEDAW的落實置於我國整體性別平等的進程中，試圖指出在歷次審查中反覆出現的，關於性別定義、暫行特別措施、交叉歧視等核心概念的〈結論性意見與建議〉（下稱〈結論性意見〉），所反映當前體制內性平工作亟待突破之處，期待能有助於婦女人權的落實往前推進。

---

[*]　本文原刊登於《台灣人權學刊》，第5卷第1期，2019年6月，頁113-118。

貳、「性」與「性別」概念的釐清與轉譯

> 「審查委員會關切『性』與『性別』二詞在概念上與實際上的不當運用。
> ……建議臺灣政府依照CEDAW和CEDAW委員會第28號一般性建議統一
> 所有法律和政策文件用詞，並促進對『性』與『性別』正確、一致之認
> 知。[1]」

CEDAW在1979年通過時，定義sex（性）為歧視產生的緣由（第1條），
國家有義務消除社會基於sex而賦予男女不同的角色（第5條）；2010年通過
的第28號一般性建議更明確以gender（性別）來指稱前述的社會建構，以及
其所導致的階層關係。此次國際審查委員會（International Review Committee,
IRC）不厭其煩地在〈結論性意見〉中重述兩名詞的區別，主要原因是部分民
間代表在國際審查中，誤將社會建構視為生物差異，這固然可理解為中文缺乏
相應辭彙所造成的翻譯困難，但若細究其論述內涵，不難察覺，藏於其中對根
深柢固的「男女有別」意識型態被打破的焦慮與反對：

> 「當性別定義混淆，天生的生理性別差異被忽略時，CEDAW在推動上將
> 變成齊頭式平等的追求。例如……政府不斷強調女科技人的重要，無形中
> 形成鄙視母性及育兒照顧相關工作的價值。[2]
> 〔學校〕布告欄裡面，也會讓孩子畫，男生爬山爬累了，爸爸就問他說，
> 你是男生耶！體力那麼不好，他就回答說：『男生也有體力不好的啊！』
> 我覺得體力是可以訓練的。[3]」

類似的意見，其實自第二次CEDAW國際審查即已出現，其後的《兩公
約》、《兒權公約》等審查和追蹤會議中，相仿的表達不減反增，突顯的是，

1　〈CEDAW第三次國家報告審查委員會結論性意見與建議〉第10點。
2　2018台灣性別人權維護促進協會、中華兒少愛滋關懷防治協會影子報告。
3　「各機關落實CEDAW第三次國家報告73點結論性意見與建議之回應表」審查會議，
　台灣全國媽媽護家護兒聯盟發言。會議紀錄詳參：https://gec.ey.gov.tw/File/4731E150
　D0E24F4E?A=C。

現行「多以廣播帶及短片方式」（吳秀貞、王子葳，2019）進行的廣泛式公眾宣導方案有其限制。

從2011年施行法通過、2012年性平處成立後，行政部門較以往投入更多資源進行公務人員的CEDAW教育訓練與對大眾的宣導；近十年來，整體社會對於CEDAW作為一「聯合國人權公約」的基本認識，已有一定程度的提高。然而，CEDAW所言消除社會文化中的歧視，絕非僅在知識層面認識公約條文可達成，而須透過實際改變既有的男女分工與刻板印象；接受性別秩序的改變，涉及的是情意層面的價值轉換，相關政策容易遭致反對的原因正在於此。欲「確保CEDAW精神落實施政」（吳秀貞、王子葳，2019），在教材、訓練與評估方式的設計上，必須強化公務人員對公約精神的認同，才可能使其進一步發展出將公約、性別研究等專業用語更細緻地轉譯、接合常民的經驗和語言的能力，在社會宣導時並以最關切爭議政策，且最易傳播誤解的群體為優先對話對象，以有效降低乃至化解其對於鬆動性別分界真實的疑慮，不再構成消除歧視的阻力。

參、暫行特別措施的充分運用

「審查委員會關切：未充分使用加速實質平等之暫行特別措施，……可能反映出政府對此概念之認識並不完全符合CEDAW第4條第一段及CEDAW委員會第25號一般性建議對此類措施之看法。[4]」

歧視與刻板印象不僅存在於當前社會文化或法規制度中，女性現在的不利處境往往還來自於過往的不平等。暫行特別措施（temporary special measures, TSM）與一般措施不同之處，在於其必須對過去婦女受歧視的結果提出補救（compensation），透過矯正（correct）不平等，才能加速實質平等的實現；

4　〈CEDAW第三次國家報告審查委員會結論性意見與建議〉第24點。

而此矯正可能需透過給予女性優於男性的待遇，以達成權力或資源的重新分配。

　　促進女性的決策參與是TSM最廣泛運用的領域，我國《憲法》在制定之初即有優惠性差別待遇的精神，2012年由行政院頒定的《性別平等政策綱領》亦提出，國家對於性別權力失衡應「積極矯正失衡而非等待自然生成」，而女性立委至今能取得近四成的席次，也正是因為2005年《憲法增修條文》修法中，納入了各政黨不分區立委女性人數不得低於二分之一的「配額制度」。然相較於此，在IRC所提出關切的高等教育、外交、企業等領域，女性參與決策與治理的程度，因僅採取「較無效的自願性措施及其他誘因」[5]而進展有限。

　　欲提出有效的TSM，首先須看見女性在職涯發展上受剝奪的處境，理解其參與不足的歷史與結構成因；再則需具備挑戰既有資源配置的政策技能，兩者都是台灣當前運用TSM待克服的瓶頸。在國際審查或後續追蹤會議中，仍間或可聽見以「個人無意願」作為女性參與比例未能提高的理由；更常見的情況是，或因TSM並非政策制定與執行的常態，公務人員對於可透過立法或行政命令採行TSM介入的範圍往往多所猶豫。但事實上，TSM的設計在強制與自願間存在著制定者的權衡空間，端視什麼樣的措施最有可能實質促進參與。舉例來說，瑞典在國營企業的董事比例已符合「性別平衡原則」，規範私人企業的「公司治理守則」（Swedish Corporate Governance Code）則對非上市公司採「遵守或解釋」（comply or explain）原則，[6]即未能達成比例的公司不會立即遭到懲戒，但必須對無法達成的原因提出充分的說明。

肆、不利群體女性的處境與權利促進

　　較於單一因素造成的歧視，處理多重（multiple）和交叉（intersecting）形

5　同前註。
6　瑞典第八次及第九次合併國家報告（CEDAW/C/SWE/8-9）。

式的歧視在國際與國內婦女人權上都是相對晚近的議程，卻也已是此刻無法迴避的課題。CEDAW委員會在第25號（2004）及第28號（2010）一般性建議，以這兩個詞彙闡釋某些女性在性別與其他社會結構交織下所遭受的多重劣勢處境。我國《性別平等政策綱領》（2012）則強調「建立性別內的平等」，指出不同女性之間的權力差異，以及提升少數群體女性代表性的政策方向。然不利群體既為人口中的相對少數，經驗與需求已長期遭忽視，倡議或遊說能量更不易匯集，若政策制定者缺乏實際作為，其人權保障與促進將更難達成。從第二次到第三次國際審查，IRC持續提醒歧視的定義必須納入多重與交叉歧視，並明確指出，須透過政策改善的議題包括農村、偏遠地區、身心障礙、原住民、高齡、移民、LBTI等群體女性的處境。

　　改善不利群體處境，應著手掌握各群體的基本圖像，以察覺其權利易受侵害處。我國自1999年起，系統性地在各領域逐步建置性別統計，至今整體女性的輪廓已初步具備；然在不利群體的數據蒐集上卻仍十分有限。具體來說，第三次國家報告對農村婦女的定義，仍只能以「農業就業人口」為範圍，與CEDAW所關注的「居住於鄉村的女性」並未相符；身心障礙者、原住民族及新住民等群體雖分別有定期的生活或經濟狀況與需求調查，相關問題設計與分析卻未必融入性別觀點；LBTI群體的處境調查則仍停留在「研議」。蒐集遭受交叉歧視女性群體的資料，應被視為下一階段性別統計工作的重點，積極克服調查技術上的困難，配置足夠的調查資源，才可能使促進不利群體的實質平等不止於宣示。

　　除了統計調查，另一有助於納入不利群體經驗及回應其需求的做法是，促進實質參與。目前除了行政院性平會委員的組成有納入原住民族、農村及偏遠地區代表（2019年第四屆委員增加了身心障礙代表）的慣例，不利群體女性參與治理或政策制定過程尚無其他配額設計，大抵只能仰賴政府部門的善意與敏感度。由於群體的多元與異質性，實務上制度設計的難度可能較性別配額高（彭涴雯，2018），不若「三分之一比例原則」容易一體適用與擴大實行，需要有更多細緻的討論。但重要的是，公務人員應將少數群體的參與視為擴大政

策涵容性的助力，而非對於不熟悉的議題先心生畏懼或排斥，甚至將納入多元群體視為棘手的工作。

伍、結語

　　CEDAW第三次國際審查出現了兩項新進展，其一是清楚的政治意志展現——督導性平及法政業務的行政院政務委員全程參與審查，並親自主持跨機關的〈結論性意見〉審查會議；其二則是政策工具的發展——行政院性平處將結構、過程與結果指標概念導入〈結論性意見〉的回應計畫中。筆者認為，要使政務官的意志得到充分執行，避免新的政策工具淪於紙上作業，銜接其間的各層級公務人員扮演著關鍵角色，本文回到CEDAW所關注的歧視根源（性別的社會建構）、解決手段（暫行特別措施）和當前議程（不利群體女性），提出其對我國現階段深化婦女人權工作的啟發，期待公務人員能在真正理解公約精神的基礎上認同其價值，並結合既有政策專業，發展出具體措施，有效縮短我們與性別平等的距離。

參考文獻

吳秀貞、王子葳。2019。〈《消除對婦女一切形式歧視公約》第3次國家報告國際審查歷程與結論性意見之策進作為〉。《台灣人權學刊》，第5卷第1期，頁85-97。

彭渰雯。2018。〈婦女運動與政治〉。《性別向度與臺灣社會》（第三版）。台北：巨流。

第十七章　失落篇幅、妝點粉飾：以同志觀點檢視CEDAW第三次國家報告*

彭治鏐

　　1979年，聯合國大會通過《消除對婦女一切形式歧視公約》（*Convention on the Elimination of All Forms of Discrimination against Women*, CEDAW）。儘管台灣非聯合國會員國，無法直接參與聯合國的人權公約審查機制，但透過將CEDAW國內法化——《CEDAW施行法》在2011年於立法院三讀通過，2012年正式施行，時至今日，台灣先後已進行過三次的CEDAW國家報告與國際專家審查。第三次CEDAW國家報告國際專家審查暨發表會議於2018年7月16日至20日舉辦，獲邀來台進行審查的五位國際專家，針對台灣的CEDAW第三次國家報告，提出了73點〈結論性意見與建議〉（下稱〈結論性意見〉）。

　　CEDAW身為首個以女性為主體的國際人權公約，並非將女性視為單一的同質群體，反而強調女性的多元樣貌、女性與各種弱勢身分的交織，特別重視處於不利處境的女性，要求國家須致力消除不利處境女性身上的多重與交叉形式歧視（multiple and intersecting forms of discrimination），其中當然包含同性戀、雙性戀、跨性別女性與雙性人（Lesbian, Bisexual, Transgender and Intersex，下稱LBTI）。

　　筆者身為長年關心與推動國內同志[1]人權的民間同志組織工作者，以下便從台灣的CEDAW第三次國家報告內容，以民間同志團體的角度，回應國家報告中的那些「失落篇幅」與「妝點粉飾」。

---

* 本文原刊登於《台灣人權學刊》，第5卷第1期，2019年6月，頁119-124。
1 「同志」一詞是中文語境中針對「非順性別異性戀者」（順性別意指一個人內心對自身的性別認同，與其生理性別一致）的常用統稱，至少包括LGBTI等群體：Lesbian（女同性戀）、Gay（男同性戀）、Bisexual（雙性戀）、Transgender（跨性別）、Intersex（雙性人／陰陽人）。本文在書寫過程中，基於不同的書寫脈絡，會交錯使用同志、LGBTI、LGBT、LBTI等詞彙。

壹、親密暴力防治

國內《家庭暴力防治法》已在2007年將包括LBTI在內的同居伴侶納入保障範圍，不僅保障異性戀伴侶。[2] 在台灣同志諮詢熱線協會（下稱本會）與現代婦女基金會近十年針對同志親密暴力的議題推動與倡導下，越來越常聽聞遭受親密暴力的LBTI當事人，主動向社工求助。然而，在這次的國家報告內文中，卻完全未呈現出政府針對同志親密暴力的服務統計數據。

儘管《家庭暴力防治法》已修正多年，但在政府長年未針對同志親密暴力蒐集統計數據的情境下，可想見難以進一步分析、規劃，如何適切投入資源，積極推展同志親密暴力的預防與處遇工作，以及具體提升現行國內親密暴力防治服務與資源的LBTI融入與友善度（LBTI-inclusive and friendly）。舉例來說，國際專家於審查過程中提出的問題清單第19點，便明確詢問台灣政府是否為LBTI暴力受害者提供適切且友善的庇護機構。事實上，國內的親密關係暴力庇護機構大多限於收容生理女性，收容跨性別者有一定的困難度。收容遭受家庭暴力之兒少的安置機構，也常有恐同恐跨的機構氛圍，缺乏服務LBTI兒少的能力。換言之，國內目前嚴重缺乏安置LBTI受暴者，特別是LBTI兒少的庇護資源；此現況在政府回應國際專家的問題清單時，並未被呈現出來。

貳、就業歧視與友善職場

類似的「消失篇幅」，也出現在我國的《性別工作平等法》。該法自2008年起就加入了禁止性傾向歧視，但在歷次CEDAW國家報告的消除就業歧視段落中，皆未呈現出基於性傾向的就業歧視案件數據。反觀本會在2016年進行的「LGBT友善職場調查」網路問卷調查，[3] 發現高達八成的同志受訪者知道《性

2　《家庭暴力防治法》更於2016年再次修法，將保障範圍擴及非同居的伴侶。
3　這份問卷調查的詳細成果，請見：https://hotline.org.tw/news/1000。

別工作平等法》中有反歧視條款，但當面對職場歧視事件，超過五成的結果是不了了之。超過六成的受訪者表示，所處職場完全未有任何對同志友善的說法，也完全未提供相對應的福利政策與教育訓練。跨性別者的就業處境，更因其外在性別表現而更為艱困。本會服務經驗中，常聽聞跨性別者在求職階段便遭拒，且雇主不會告知未錄取的真實原因，導致難以舉證雇主違法。

因同志有著出櫃壓力而在職場裡常隱身，故政府所提供的救濟面就業歧視申訴機制，少見同志勞工的申訴案件；而政府所推動的積極面友善職場措施，也未針對同志勞工的需求進行規劃設計。宛若政府完全未意識到職場中會有同志真實存在，其在職場中面對的問題與需求，需要政府規劃政策並加以推動，以鼓勵與監督兩種方式並行，改善企業內部針對同志的敵意氛圍，營造同志友善的平等共融職場環境。

參、健康權

第三次國家報告中針對女性的身心健康數據、友善醫療環境與服務，也同樣未看見LBTI在健康權上所面對的多重與交叉形式歧視。長年來，政府針對民眾的公衛健康、流行病學之調查，未意識到LGBTI社群的存在，也未建構同志健康與醫療經驗的本土資料。因此在國家報告中，明顯可見毫無任何關於LBTI的身心健康調查報告與數據。

至於國家報告中所提出的女性健康政策，舉例來說，現行的子宮頸抹片篩檢、婦女親善醫療政策、老人醫學等醫療政策與資源，皆缺乏LBTI觀點和忽略LBTI社群的需求。子宮頸抹片檢查以已婚婦女為主要宣導對象，導致女同志檢查率偏低。根據本會在2011年針對2,219位女同志進行的性健康網路問卷調查，[4] 具婦產科就診經驗的受訪者中，有13%的受訪者有過不愉快的就診經驗；有超過30%的受訪者會因自身的同性性經驗、性別氣質／角色，擔憂醫護

4　「百」無禁忌，拉子性愛100問之問卷成果：https://hotline.org.tw/news/205。

人員缺乏性別意識而降低其就醫意願。

而國家報告第12.19段所提之「同志健康社區服務中心」，實為衛生福利部疾病管制署提供經費補助之中心，基於疾病管制署的愛滋防治業務要求與限制，絕大多數仍聚焦於男同志社群的愛滋防治工作。在此亦值得思考的是，CEDAW關注的群體以LBTI為主，男同志的愛滋防治不是其檢視範疇，卻不知為何被呈現在國家報告文件中。在我看來，此例子某程度上具體反映出政府行政機關在書寫、彙整國家報告所需資料時的粉飾心態。

綜上所述，可見除了疾病管制署關注男同志愛滋防治，政府長年的公共衛生與健康醫療政策並未意識到LBTI的健康需求與健康權，更未發展出相對應的資源投注與政策討論。

肆、非婚姻同居家庭與同志家庭之人口調查

國內非婚姻同居關係、同志伴侶等多元型態的家庭組成，始終未被列入人口與家戶的統計調查中。對此，政府僅在國家報告第16.13段中說明：「於2019年10月辦理試驗調查，以評估產生未經登記結合及多元家庭相關統計之可行性。」未確實承諾在2020年的國內人口及住宅普查中，進行未經登記結合與同志家庭的相關調查。

政府應積極參考國外針對多元家庭相關人口調查的經驗，研究如何在調查中確保同居關係、同志家庭等受訪者的隱私與資料保密，以及如何增進調查訪員的友善度，提升調查的可行性與可信度，並實際於下次的國內人口及住宅普查中正式實施。唯有如此，才能瞭解與評估非婚姻家庭的樣貌與處境，並進一步回應其在經濟安全、健康、福利措施等面向上的可能需求，規劃相對應的家庭政策。否則，非婚姻同居關係、同志伴侶等多元型態的家庭，在政府推動消除女性、LBTI於婚姻與家庭生活中之歧視的政策議程中，一直都是未被看見而消失的一群人。

伍、跨性別與雙性人的身分權益

　　早在2014年的第二次CEDAW國家報告與國際專家審查中，國際專家便在〈結論性意見〉中關切國內的跨性別者變更性別規定。然而，在國家報告第16.27段至第16.30段中，「不摘除性器官逕辦理性別變更登記」的政策，仍停留在跨部會協調與研議中。面對跨性別社群的「免手術換身分證」需求，政府在推動相關政策時，應謹慎且積極徵詢跨性別社群之意見，且不應再以強制手術及精神科評估，作為變更法律性別的限制門檻。

　　而國家報告第16.30段所提及的，於身分證件上增設第三個性別選項，也待後續瞭解其具體措施，以及是否讓跨性別與雙性人「自由」選擇（而非「強迫」選擇第三個性別選項）。此外，國家報告中也完全未呈現、提及國內雙性人的人口統計，以及「禁止對雙性兒施行不必要手術」的政策進度。

陸、多元性別平等教育

　　相對於上述的LGBTI人權政策未被看見，第三次國家報告中的多元性別平等教育（第10.42段至第10.46段），則是明顯可見政府近幾年面對反同團體對這項政策之施壓的「退守」與「妝點粉飾」。

　　在這次國際專家公布〈結論性意見〉的記者會上，專家們特別強調，「學校不是宗教場域」、「不要把信仰強加在別人身上，要以孩子最佳利益優先」，性別平等教育不該受到宗教干預；且2014年的第二次CEDAW國家報告與國際專家審查，國際專家便在〈結論性意見〉中，針對國內的性別平等教育，提出多項建議：政府應諮詢性別平等專家與同志社群的意見，制定更多具性別多元意識的活動與教材；確保學校各類人員及性別平等教育委員會委員接受上述教材的定期適當訓練；要求學校針對同志學生，採取具體措施，保護與促進其權利；針對性別平等教育指標及教材審查，建立定期全面檢視與監督機

制；嚴謹蒐集所有教育層級及訓練單位中的性霸凌、性騷擾事件資料與統計資訊。

然而2014年至2018年間，政府不僅聘任具反同立場的學者或家長團體代表為教育部性別平等教育委員會委員；面對多元性別教育教材被攻擊、抹黑與扭曲，也退守立場而進行教材內容之自我審查與刪除；更遑論近年已有依法推動性別平等的基層教師，被惡意騷擾與提告，而教育部未站穩教育專業立場而積極給予協助。2018年反同團體更提出「禁止實施同志教育」公投案，在過程中與結果上，嚴重傷害同志兒少的身心健康，也剝奪讓所有學生正確認識同志，讓同志學生正向接納自我的權利！

而第三次的〈結論性意見〉，國際專家也對同志教育政策遭受猛烈攻擊的國內現況，表達高度關切。台灣政府能否改變守勢，積極推展相關工作，以面對反同團體對同志教育的攻擊與汙衊，讓所有兒少能獲得真正平等的教育內容，有待後續所有民間人權組織的關心與監督。

柒、結語

檢視政府所提出的第三次CEDAW國家報告，儘管CEDAW已是從性別平等角度切入之國際人權公約，仍可鮮明看出政府在「看見」同志社群之政策需求的進展上，相當緩慢而有極大的進步空間。同性婚姻的立法在2019年5月17日三讀通過，5月24日正式實施。隨著同性伴侶關係的法制化，同志社群真實存在而生活著的感受與需求，將會越來越頻繁出現於公私部門與社區生活中。期許台灣政府能逐步看見同志社群長年在國家法令制度中被排除與漠視的各個面向，進而站穩保障人權的立場，推動細緻的社會對話與相關政策，來突破與改善國內的同志人權困境，進而讓同志社群能與所有人民一起共融地生活在台灣這塊土地上。

附錄 台灣引進國際人權公約大事記

製表：本書編者

製表日期：2021年8月

年份	日期	大事記
1949	7月20日	簽署《防止及懲治殘害人群罪公約》。
1951	5月5日	批准《防止及懲治殘害人群罪公約》（7月19日加入）。
1953	5月22日	公布《殘害人群治罪條例》（以制定國內法的方式實踐《防止及懲治滅絕種族罪公約》[1]）。
1966	3月31日	簽署《消除一切形式種族歧視國際公約》。
1967	10月5日	簽署《經濟社會文化權利國際公約》。
		簽署《公民與政治權利國際公約》。
		簽署《公民與政治權利國際公約第一任擇議定書》。
1970	11月14日	立法院批准《消除一切形式種族歧視國際公約》（12月10日加入）。
2007	1月5日	立法院批准《消除對婦女一切形式歧視公約》（總統於2月9日簽署批准書）。
2009	3月27日	《消除對婦女一切形式歧視公約》國家報告第一次審查（婦女權益促進發展基金會以舉辦「CEDAW台灣國家報告發表暨專家諮詢會議」的方式，邀請三位國際專家提供審查意見）。
	3月31日	立法院批准《公民與政治權利國際公約》及《經濟社會文化權利國際公約》（總統於5月14日簽署批准書）。
		立法院通過《公民與政治權利國際公約及經濟社會文化權利國際公約施行法》（總統於4月22日公布，12月10日實施）。

---

[1] 我國翻譯為《防止及懲治殘害人群罪公約》。

年份	日期	大事記
2011	5月20日	立法院通過《消除對婦女一切形式歧視公約施行法》（總統於6月8日公布，2012年1月1日實施）。
2013	2月25日-3月1日	《公民與政治權利國際公約》及《經濟社會文化權利國際公約》國家報告首次國際審查。
2014	5月20日	立法院通過《兒童權利公約施行法》（總統於6月4日公布，11月20日實施）。
	6月23日-26日	《消除對婦女一切形式歧視公約》國家報告第二次審查。
	8月1日	立法院通過《身心障礙者權利公約施行法》（總統於8月20日公布，12月3日實施）。
2016	4月22日	立法院批准《兒童權利公約》（總統於5月16日簽署加入書）。
2017	1月16日-20日	《公民與政治權利國際公約》及《經濟社會文化權利國際公約》國家報告第二次國際審查。
	5月17日	總統公布《身心障礙者權利公約》，並溯自2014年12月3日生效。
	10月30日-11月3日	《身心障礙者權利公約》國家報告第一次國際審查。
	11月20日-24日	《兒童權利公約》國家報告第一次國際審查。
2018	7月16日-20日	《消除對婦女一切形式歧視公約》國家報告第三次審查。

國家圖書館出版品預行編目資料

走自己的路：台灣引進國際人權公約的策略
　與實踐／王幼玲等著. －－初版.－－臺北
市：五南圖書出版股份有限公司, 2022.01
面；　公分
ISBN 978-626-317-118-3（平裝）

1.人權　2.國際人權公約　3.文集

579.2707　　　　　　　　　110013869

1QPB

走自己的路：
台灣引進國際人權公約的策略與實踐

主　　編 —	李仰桓（87.7）、黃　默
作　　者 —	王幼玲、伍維婷、李念祖、林沛君、姚孟昌
	施逸翔、張文貞、郭銘禮、陳玉潔、彭治鏐
	黃　默、黃嵩立、黃慈忻、顏玉如、顏詩怡
發 行 人 —	楊榮川
總 經 理 —	楊士清
總 編 輯 —	楊秀麗
副總編輯 —	劉靜芬
責任編輯 —	黃郁婷、許珍珍
封面設計 —	姚孝慈
出 版 者 —	五南圖書出版股份有限公司
地　　址：	106台北市大安區和平東路二段339號4樓
電　　話：	(02)2705-5066　　傳　真：(02)2706-6100
網　　址：	https://www.wunan.com.tw
電子郵件：	wunan@wunan.com.tw
劃撥帳號：	01068953
戶　　名：	五南圖書出版股份有限公司
法律顧問	林勝安律師事務所　林勝安律師
出版日期	2022年1月初版一刷
定　　價	新臺幣350元

經典永恆・名著常在

五十週年的獻禮——經典名著文庫

五南，五十年了，半個世紀，人生旅程的一大半，走過來了。
思索著，邁向百年的未來歷程，能為知識界、文化學術界作些什麼？
在速食文化的生態下，有什麼值得讓人雋永品味的？

歷代經典・當今名著，經過時間的洗禮，千錘百鍊，流傳至今，光芒耀人；
不僅使我們能領悟前人的智慧，同時也增深加廣我們思考的深度與視野。
我們決心投入巨資，有計畫的系統梳選，成立「經典名著文庫」，
希望收入古今中外思想性的、充滿睿智與獨見的經典、名著。
這是一項理想性的、永續性的巨大出版工程。
不在意讀者的眾寡，只考慮它的學術價值，力求完整展現先哲思想的軌跡；
為知識界開啟一片智慧之窗，營造一座百花綻放的世界文明公園，
任君遨遊、取菁吸蜜、嘉惠學子！